Believing
Belonging
Becoming
Behaving

새로운 시작

예수를 따르려는 그리스도인을 위한 안내서

팔머 베커

김영범 고학준 옮김
김복기 감수

Copyright © 2014 MCUSA, MCCanada

Original published in English under the title ;
   Begin Anew: *Christian Discipleship Seminars*
         by Palmer Becker
   Published by MC USA. 3145 Benham Ave., Suite 1, Elkhart, IN 46517
            MCCanada. 600 Schafetesbury Blvd. Winnipeg, MB R3P 0M4
All rights reserved.

Used and translated by the permission of MCUSA, MCCanada
Korean Edition Copyright ⓒ 2020 Daejanggan Publisher. in Nonsan, CN, South Korea.

새로운 시작
예수를 따르려는 그리스도인을 위한 안내서

지은이	팔머 베커 Palmer Becker
옮긴이	고학준 김영범 문선주
감수	김복기
초판발행	2020년 2월 7일
발행인	배용하
책임교정	김성우 한준호 박향란 배용하
등록	제364-2008-000013호
펴낸곳	도서출판 대장간
	www.daejanggan.org
등록한곳	충남 논산시 매죽헌로 1176번길 8-54, 101
편집/영업부	전화 (041)742-1424 전송 (041) 742-1424
분류	기독교 | 교육 | 제자도
ISBN	978-89-7071-507-0 03230
CIP제어번호	CIP2020004308

이 책의 한국어 저작권법은 MCUSA, MCCanada와 단독 계약으로
대장간에 있습니다. 기록된 형태의 허락 없이는 무단 전재와 복제를 금합니다.

 값 13,000원

새로운 시작
예수를 따르려는 그리스도인을 위한 안내서
Begin Anew

차례

이 책의 구성 • 11
성서 구절과 사용 • 14
감수의 글 • 15
옮긴이의 글 • 17
일러두기 • 19

1부 ● 무엇을 믿는가

1부 열기 • 23

1장. 하나님을 믿는다는 것은?
여러분이 믿는 하나님은 얼마나 큽니까? 26
하나님이 계시다는 것을 어떻게 알 수 있습니까? 28
성서는 하나님에 대해 어떻게 말하고 있습니까? 31
여러분의 하나님은 어떤 부모이십니까? 34

2장. 예수님을 믿는다는 것은?
예수님은 어떤 분입니까? 38
예수님이 하나님에 대해 말씀하신 것은 무엇입니까? 41
예수님은 무엇을 위해 이 땅에 오셨습니까? 43
하나님과 관계를 맺는데 방해가 되는 것은 무엇입니까? 46
여러분을 하나님과 친밀하게 하는 것은 무엇입니까? 49
하나님은 여러분을 무엇으로부터 구원하셨습니까? 50

3장. 성령님에 대한 믿음
성령님은 누구입니까? 54
여러분은 어떻게 성령님을 영접할 수 있습니까? 57
성령님을 통해 우리는 무엇이 변화될까요? 59

Begin Anew●Believing●Belonging●Becoming●Behaving

4장. 하나님의 은혜를 믿는다는 것은?
  하나님의 은혜에는 어떤 것이 있습니까? 64
  여러분의 이야기를 나누기 66
  여러분의 이야기를 잘 정리하는 방법 67
  이야기를 다듬는 방법 68
  예수님께 드리는 나의 서약 71
  기도 71

2부●어떻게 공동체의 일원이 되는가

2부 열기 ● 77

1 장. 공동체에 소속하기
  교회란 무엇인가? 79

2장. 목적과 통일성을 갖고 소속하기
  어느 회중의 이야기 84
  목적 선언문 86
  신앙 선언문 90
  믿음에 관한 일반적인 주제 90
  교회와 교회의 실천들 92
  제자도 94
  하나님의 통치 96
  전략 선언문 97

3장. 공동의 비전을 가지고 소속하기
  아나뱁티스트 비전 101
  사명을 위한 우리의 비전 104
  제주신앙고백문 106
  헌신을 위한 우리의 비전 108
  훈련을 위한 우리의 비전 109

4장. 의미있는 멤버십을 통해 소속하기

    침례(세례) 111
    누가 침례(세례)를 받아야 합니까? 111
    언제 침례(세례)를 받아야 합니까? 114
    어떻게 침례(세례)를 받아야 합니까? 115
    주의 만찬 117
    주의 만찬은 무엇입니까? 118
    누가 참가합니까? 119
    멤버십 121
    교회에 대한 나의 헌신 123

3부● 어떻게 성숙한 그리스도인이 되는가

3부 열기 ● 127

1장. 성서읽기를 통해 영적으로 성숙하기

    왜 성서를 읽어야 합니까? 129
    성서를 읽기에 가장 좋은 시간은 언제입니까? 130
    성서를 읽기에 좋은 장소는 어디입니까? 131
    얼마나 많이 읽어야 합니까? 132
    한 달 산상수훈 읽기 가이드 133
    어떻게 성서를 해석해야 합니까? 134
    어떻게 성서를 연구해야 합니까? 137
    읽기에서 적용으로 140
    매일 성서를 읽기로 약속하기 141

2장. 기도를 통해 영적으로 성숙하기

    왜 기도해야 합니까? 142
    기도하기 좋은 시간은 언제입니까? 143
    기도하기 좋은 장소는 어디입니까? 145
    어떻게 기도합니까? 146
    그외 기도하는 다른 방법이 있습니까? 148
    매일 기도하는 것에 대해 약속하기 151

Begin Anew●Believing●Belonging●Becoming●Behaving

3장. 아낌없는 나눔을 통해 영적으로 성숙하기
    십일조에 대해 성서는 어떻게 말하고 있습니까?.................152
    왜 주어야 합니까?.................154
    언제 주어야 합니까?.................155
    어디서 주어야 합니까?.................156
    얼마나 주어야 합니까?.................156
    어떤 태도로 주어야 합니까?.................158
    풍성한 나눔이 여러분을 부자가 되게 할까요?.................159
    풍성한 나눔(줌)에 대한 나의 헌신.................160

4장. 소그룹을 통해 영적으로 성숙하기
    교회는 어떻게 구성되어 있습니까?.................161
    왜 우리는 소그룹으로 만나야 합니까?.................164
    여러분의 그룹은 어떤 모습이어야 할까요?.................165
    여러분의 그룹은 언제 어디서 모여야 합니까?.................166
    여러분은 그룹으로 모여 무엇을 합니까?.................166
    새로운 그룹은 어떻게 시작해야 합니까?.................168
    소그룹 모임 참석에 대한 나의 헌신.................169

4부●그리스도인은 세상에서어떻게 살아야 하는가

4부 열기 ● 173

1장. 예수님처럼 다른 사람의 필요에 반응하기
    인간이 타고난 성향은 어떻습니까?.................175
    예수님은 어떻게 사역하셨습니까?.................176
    우리는 어떻게 그리스도처럼 할 수 있습니까?.................177
    사역이 뭐라고 생각합니까?.................177
    어떤 필요를 채우는 일에 부름받았습니까?.................180
    여러분의 교회는 무엇을 제공해야 합니까?.................183

2장. 자신을 앎으로써 예수님처럼 행동하기
여러분이 타고난 능력과 관심사는 무엇입니까? 185
성서는 은사에 대해 어떻게 가르칩니까? 187
여러분의 은사는 무엇입니까? 188

3장. 예수님처럼 헌신하기
여러분은 어떤 영적 경험을 해보았습니까? 195
여러분이 겪은 가장 고통스러운 경험은 무엇입니까? 195
여러분은 어떤 교육을 받았습니까? 196
여러분은 어떤 일을 해보았습니까? 197
여러분은 어떤 일을 한 경험이 있습니까? 197

4장. 교회와 사회에서 예수님처럼 살기
여러분 자신에 대해 무엇을 배웠습니까? 199
교회의 어떤 사역에 적합하다고 생각하십니까? 200
교회에서 맡은 사역에 대한 나의 헌신 204
사회 사역의 어떤 일에 적합하다고 생각하십니까? 205
사회 사역에 대한 나의 헌신 207

이 책의 구성 ■

『새로운 시작』은 앞에서부터 순서대로 진행하거나 모임의 성격에 따라 다르게 시작할 수 있습니다. 여러분은 각자의 계획에 따라 네 개의 큰 단원별로 공부할 수 있습니다. 예를 들어, 여러분이 이끄는 성서 공부 모임 구성원들이 "영적이긴 하나spiritual" 그리스도인이 아니라면, 3부 '어떻게 성숙한 그리스도인이 되는가?'becoming부터 시작해도 좋습니다. 3부의 내용은 '성서읽기', '기도', '넉넉한 마음으로 필요를 채워주기', 그리고 '소그룹으로 교제하기' 등과 같은 살아있는 그리스도인의 삶에 대해 다루고 있습니다.

만약 여러분이 진행하는 소그룹 모임이 교회 안에서 서로를 받아들이지 못하거나 관계에 문제가 있다고 생각될 때에는 새롭게 공동체의 일원이 되는 내용의 2부 '어떻게 공동체의 일원이 되는가?'belonging 부터 공부하면 좋을 것입니다. 어떤 리더들은 믿음의 문제부터 시작해서 삶 속에 실천하는 내용으로 끝낼 수도 있을 것입니다.

기독교 신앙은 '무엇을 믿는가?'believing', '어떻게 공동체의 일원이 되는가?' belonging', '어떻게 성숙한 그리스도인이 되는가?'becoming', '그리스도인은 세상 속에서 어떻게 살아야 하는가? behaving'1 등을 조화시키는 일입니다. 우리는 다음에 따라서 믿음의 네 가지 중요한 측면을 다룰 것입니다.

1부. '무엇을 믿는가?'believing

1부를 함께 공부하는 동안 그룹원들은 하나님에 대해 새로운 방식으로 생각하게 될 것입니다. 1부에서는 그룹원들에게 1) 일상의 삶에서 예수님을 따르는 것이 무엇인가와 2) 성령님이 변화시키는 것이 무엇인지에 대해 함께 고민할 것입니다. 1부의 목적은 함께 공부하는 그룹 개개인이 1) 어떻게 과거에 하나님의 은혜를 경험했는지 2) 하나님이 그룹원들에게 요청하시는 새로운 삶에 대해 어떻게 반응해야 하는 지 함께 깊이 생각해 보도록 하는 것입니다.

2부. '어떻게 공동체의 일원이 되는가?' belonging

2부에서는 교회의 회원은 어떤 사람들이며 교회가 무엇인지에 대해 분명하게 설명하고 있습니다. 여러분과 함께 공부하는 그룹원들은 1) 교회의 목적 2) 교회가 믿는 것 3) 교회의 목적을 이루기 위해 우리 각자가 해야 하는 것이 무엇인지에 대해 배울 것입니다. 그룹원들은 회중의 역사와 회중이 미래에 이루고자 하는 비전에 대해 듣게 될 것입니다. 2부의 목적은 그룹 개개인이 교회 회원이 되기 위해 지켜야 할 여러 중요한 약속에 대해 공적으로 약속함으로써 교회의 회원이 되는 과정을 함께 할 기회를 주는 것입니다.

3부. '어떻게 성숙한 그리스도인이 되는가?' becoming'

3부는 기독교인들의 신앙이 성장하고 그들이 예수님을 따라 살기로 다짐한 뒤, 새로운 삶에서 풍성함을 누리는 것에 필요한 네 가지 실행 원직을 소개하고 있습니다. 3부를 공부하는 동안 우리는 매일의 삶에서 성서를 읽고, 기도하고, 만나는 사람에게 관용을 베풀고, 소그룹 구성원으로 소속감을 갖고 참여할 것입니다.

4부. '그리스도인은 세상 속에서 어떻게 살아야 하는가?' behaving'

4부는 교회와 세상 속 다른 이들의 필요를 채워주기 위해 우리 각자에게 주시는 은사, 열정 그리고 경험을 사용하도록 격려합니다. 4부에서 우리는 그리스도 중심의 관점에서 윤리적인 삶, 평화만들기 그리고 주위 사람들을 돕는 삶이 무엇인지에 대해 알아갈 것입니다. 4부의 목적은 1) 여러분이 속한 교회 사역에 어떻게 참여할 수 있는가 2) 세상 속에서 그리스도인으로서 어떻게 살아갈 것인가에 대해 알려주고 함께하도록 안내하는 것입니다.

주어진 시간 내에 이 책이 제시하는 모든 질문들을 다 토론할 수 없다는 점을 기억하십시오. 리더인 여러분들은 각 장을 시작할 때 그룹에 속한 모든 사람이 알아야 할 필요성이 있는 내용이 무엇인지 선택할 필요가 있습니다. 리더인 여러분이 가장 관심이 있는 문제들부터 자유롭게 시작하십시오.

그룹원들이 좀 더 깊이 다루어야 할 주제가 있다면 그룹을 2~3개 정도로 나누어서 진행하는 것도 도움이 될 것입니다. 그 후 전체 그룹으로 다시 모여 각자가 다른 사람들로부터 들었던 것들을 나누면 더욱 풍성한 나눔이 될 것입니다. 이렇게 하면 좀 더 많은 사람들이 토의에 참여할 수 있을 것입니다.

■ 성서 구절과 사용

이 공부는 리더 혼자 주도하는 것이 아니라 함께 하는 성서의 말씀을 기반으로 진행합니다. 우리는 틀에 박히지 않은 통찰력과 우리의 일상에 신앙을 좀 더 잘 적용할 수 있도록 다양한 성서번역본을 사용했습니다.

성서공부를 진행하면서, 그룹원들이 교재의 여백에 설명을 적거나 중요 단어에 동그라미 표시를 하도록 격려하십시오. 그렇게 함으로써 리더인 여러분과 좀 더 교감할 수 있을 것입니다. 각 장의 중요한 내용을 나눈 후에는 그룹의 구성원들이 질문하고, 의견을 이야기하고, 서로 토의할 수 있도록 시간을 가지십시오.

이 교재는 여러가지 방식으로 사용이 가능합니다. 어떤 교회는 4주에 걸쳐서 1주에 4시간씩 시간을 보내면서 교재 전체를 다루었습니다. 또 다른 어떤 교회는 주일 성서공부나 교회의 회원이 되는 과정을 위해 16주 동안 진행하기도 했습니다.

이 교재를 공부하는 가장 이상적인 방법은 여러분이 속한 교회의 모든 회원들이 이 교재를 함께 공부하는 것입니다. 이 때 목회자는 교회 회원들이 소그룹에서 그 주간에 공부한 내용으로 설교하는 것이 좋습니다. 또한 교회 회원들끼리 설교에 대해 토의하거나 일상 생활 속에서 설교를 적용하며 살 것인지를 서로 다른 삶의 배경 속에서 이야기할 수 있을 것입니다. 각자의 교회에 어떤 형태가 좋을 지는 여러분의 목회자와 교회 리더들이 함께 토의하시기 바랍니다.

감수의 글 ■

김복기 | 캐나다 메노나이트 선교사/평화활동가

무엇인가 새로 시작한다는 것은 가슴을 설레게 합니다. 한해를 시작하면서 마음을 새롭게 다잡듯이, 오랫동안 몸을 단련한 달리기 선수가 마라톤 경주를 위해 출발선에 서듯이 뭔가 새로 시작한다는 것은 가슴을 설레게 합니다. 성서는 우리 신앙 여정을 달음질^{고전9:24, 갈2:2}이나 경주^{히12:1}에 비유하곤 합니다. 그러기에 그리스도인들은 자신에게 주어진 길을 달려가기 위해 인내심을 갖고 올바른 방향을 따라 달음질해야 합니다.

어느 신앙 전통에 속해 있든지 모든 그리스도인은 자신들이 달음질하는 그 길을 제대로 가고 있는지 늘 점검해야 합니다. 특별히 그동안 옳은 줄 알았고, 잘 믿는 줄 알았던 우리의 신앙여정이 어디쯤에 와 있는지 살펴보아야 합니다. 우리의 경주가 예수 그리스도께서 원하시는 모습을 따라 제대로 이루어지는지 늘 점검해야 합니다. 개인적으로나 공동체적으로 그동안 걸어온 길을 되돌아보면서 믿음의 주님이시며 우리를 온전하게 하시는 그 분의 뜻을 자꾸 물어봐야 합니다.

메노나이트 교회의 영성가이자 교육가인 팔머 베커가 오랜 묵상과 성찰의 과정을 걸으며 쓴 『새로운 시작』은 그동안 옳은 줄 알고 열심히 달리는 데만 몰두해왔던 우리의 믿음과 신앙과 삶을 점검해주는 책입니다. 분량은 적고, 마치 다 알고 있는 것처럼 익숙한 내용처럼 보이지만, 이 책은 그리스도인의 삶을 다시 점검하도록 만드는 기본과 본질에 충실한 책입니다.

이 책은 초대기독교 역사학자였던 알렌 크라이더가 『회심의 변질』에서 언급했던 것처럼 우리의 믿음과 삶과 소속이 어떻게 예수 그리스도께서 보여주셨던 원래 교회의 모습으로부터 멀어졌는지 다시 점검하고 살펴보게 합니다. 콘스탄틴 황제가 제공한 힘과 권력과 안락함에 의해 기독교의 회심이 변질했던 것처럼, 어쩌면 우리는 고난대신 안전을, 공동체대신 개인주의를, 상호책임대신 자본주의를 선택함으로써 자신도 모르게 복음의 본질과 멀어진 채 살고 있는지도 모릅니다. 이러한 때에 우리의 신앙, 삶, 소속, 그리고 성장의 방식을 다시금 점검하는 것은 예수를 따르는 그리스도인에게 꼭 필요한 일입니다.

이 책은 그리스도인들에게 '나는 무엇을 믿는가? 나의 믿음의 방식은 어떠한가?' Believing '나는 어떻게 공동체의 일원이 되며, 내가 속한 공동체는 어떠한 공동체인가?' Beloning '21세기라는 세상 속에서 그리스도인은 어떻게 살아야 하는가?' Behaving 그리고 '우리는 어떤 종류의 그리스도인으로 성장하고 있는가? Becoming라는 질문으로 초청합니다.

신자들의 교회 전통에 속한 한국 메노나이트 교회에서 공동의 책임감을 갖고 출간하게 된 이 책은 이러한 질문과 오랫동안 씨름해온 김영범, 고학준 형제, 문선주 자매의 애씀으로 한국적 상황에 맞게 탄생했다는 점에서 매우 큰 의미가 있습니다. 바라기는 이 책이 메노나이트 교회 안에서만 사용되거나 머물러 있지 않고, 믿음의 방향을 잃고 어디로 가야할지 모르는 많은 그리스도인들에게 전달되어 읽히면 좋겠습니다. 제도나 건물이나 특정한 사람들의 전유물이 되어 뒤틀려진 기독교의 모습을 떠나 참된 그리스도인의 영성이 무엇이며, 그리스도의 제자로 산다는 것이 어떤 모습이어야 하는 지 잘 보여주고 전달해주는 책으로 사용되면 좋겠습니다. 그리하여 우리의 믿음의 경주와 달음질의 행보가 매일매일 새로워지면 좋겠습니다. 그렇게 '예수 따름이'로 알려진 예수의 제자들이 다시금 새로운 삶을 살아가면 좋겠습니다. 그 새로운 출발선으로, 새로운 시작으로 여러분 모두를 초청합니다.

옮긴이의 글

김영범

2017년 3월, 화창한 어느 날이었다.

같은 논산 지역에서도 30여분을 차로 달려가야 했다. 꼬불꼬불 산길을 한참 더 올라가서야 골짜기(?)에 교회가 있었다. 교회 '안'에서 목회자로만 살다가 아무 연고 없는 논산에 내려온 후, 이제는 교회 '밖'에서 그리스도인으로 사는 것에 분투하고 있을 무렵, 논산 지역 세월호 추모 모임에서 만난 매우 인상적인(?) 목회자가 목회하는 교회를 방문했다. 예배당이 아닌 가정집으로 들어가자 이장님이라 부르는 시골농부, 나이 지긋하신 어머님, 부부와 네 자녀, 사모님으로 보이는 환한 얼굴의 여자분이 맞아주셨다. 정작 목회자는 흙먼지를 툭툭 털면서 예배 시간이 다 되어서야 자리에 앉았다. 조금은 건조한 찬양과 기도, 성경공부 같은 설교, 언제 끝난지도 모르게 마친 예배, 이것이 논산평화누림메노나이트교회와의 첫 만남이었다.

어느 날, 신학과 영어를 공부한 내 이력 때문인지 교회 목회자가 책을 건네주셨다. 그것이 바로 이 책, 『새로운 시작』*Begin Anew*과의 만남이었다. 얼떨결에 이 책의 번역을 시작하고 책으로 만들어져 나오기까지 꽤 많은 시간이 지났다. 그 이유는 부족한 내 영어실력 외에도 많은 고심의 시간들 때문이었다. 여러 수많은 질문 중에 끝까지 나를 괴롭힌 질문은 이것이었다.

'이미 한국에 출판된 많은 성경공부(정확히 말하면 교리 공부) 교재와 무엇이 다른가?'

얼핏보면, 이 책의 구성은 기존의 성경 공부 교재와 별 차이가 없어 보인다. 하나님, 교회와 교회의 기능, 봉사와 선교 등으로 조금은 평이해 보인다. 그러나, 내용 하나 하나에는 '공동체(되기)', '예수님의 제자(로 살기)', '평화(를 이루기)' 등의 주제가 마치 쓴 약을 당의를 입혀서 먹기 쉽게 한 것처럼, 익숙한 기존 성경공부교재 양식에 담겨 있다.

이 책이 나오기까지 몇 년에 걸쳐 단기간 두 번의 프로젝트팀이 있었다. 첫 번째 팀에서 문선주 자매는 2부과 3부의 초벌 번역을 맡아주셨고, 나는 나머지 번역과 다듬기를, 김복기 형제는 책 전체의 감수를 맡아주셨다. 두번째 팀에서는 고학준 형제가 내 실수로 날려버린 4부의 번역을 했으며, 다른 곳의 영어 표현도 네이티브의 유전자를 가진(?) 형제의 손을 거치면서 원문의 뜻을 매끄럽게 전달할 수 있었다. 역시 이번에도 김복기 형제가 감수를 '감수'하셨다. 누가 뭐래도 이 책이 나오는 데 가장 많이 수고한 사람은 배용하 형제다. 바로 내게 이 책을 전해준 '목회자'다. 배용하 형제의 마지막 권면(?)이 아니였다면, 이 책은 나오기 어려웠을지도 모른다.

나에게 제2의 가족인 논산평화누림메노나이트교회 식구들과 한국 메노나이트 교회 자매, 형제들은 '공동체'가 무엇인지 알 수 있도록 가자의 삶으로 나를 가르쳐 주었다. '사역'의 빈 자리 가운데에서도 멋지게 자라 준 아들 도현과 딸 예원, 그리고 나의 좋은 친구 아내 명주는 나를 지원해 준 최고의 가족-공동체 멤버들이다.

부디, 이 책의 독자들이 홀로 있는 서재 뿐 아니라 꼭, 내가 그러했듯이 '한 몸의 일부로, 있는 그대로 수용해주는' 공동체와 나눌 수 있기를 두 손 모아 기도해 본다.

2020년 1월 논산에서

일러두기

1. 2부의 '사명을 위한 우리의 비전'은 원서에 있는 미국 메노나이트의 상황이 아닌 현재 한국 메노나이트의 상황으로 편집했다. 원서에서도 2부의 내용은 각 교회의 상황에 따라 적용하라고 안내한다

2. 3부 3장의 '아낌없는 나눔'의 부분은 기존에 교회에서 사용하던 '구제'와는 구별되는 부분이다. 원서의 'generous giving'은 '넉넉하고 자원하는 마음으로 내가 가진 것을 아낌없이 주는/드리는 것'으로 해석하는 것이 본문의 이해에는 더 적합하다.

3. 2부에서 ministry, mission의 의미와 4부에 사용된 ministry, mission의 의미는 차이가 있다. 일반적으로 ministry는 사역으로, mission은 선교로 번역한다. 그러나, 4부에서 ministry는 교회에서 해야 할 다양한 역할 및 기능 ministry in the church 으로, mission은 사회에서 해야 할 다양한 역할 및 기능 mission in the world 으로 두 단어를 짝지어 사용하고 있다. 따라서 4부에서는 ministry와 mission을 각각 '교회사역'과 '사회 사역'으로 옮겼다.

4. 영어 문화권의 글쓰기 특징 중 하나가 영어 알파벳 하나를 정해놓고 그 알파벳에 맞춰 단어를 나열하는 방법이다. 본문의 제목과 4개의 큰 장의 제목, 146쪽의 기도의 방법, 166쪽 소그룹 인도하는 방법 등이 그것이다. 아쉬운 부분은 본문의 내용 전달을 위해 살리지 못한 것이다.

5. 이 책이 단행본의 책이기보다 교육을 위한 교재여서 좀 더 자세한 설명이 필

요했다. 따라서 글 중간에 원문에는 없는 '옮긴이주'와 '후주'를 통해서 의미를 좀 더 잘 설명하려 했다.

6. 이 책은 2007년 이후로 책임 편집자 팔머 베커가 16강으로 진행하는 세미나의 주교재이다. 주교재 외에 'Begin anew-Daily Meditations'와 동영상 자료가 있다.

1부

무엇을 믿는가
Believing

1장. 하나님을 믿는다는 것은?
   여러분이 믿는 하나님은 얼마나 큽니까?
   하나님이 계시다는 것을 어떻게 알 수 있습니까?
   성서는 하나님에 대해 어떻게 말하고 있습니까?
   여러분의 하나님은 어떤 부모이십니까?

2장. 예수님을 믿는다는 것은?
   예수님은 어떤 분입니까?
   예수님이 하나님에 대해 말씀하신 것은 무엇입니까?
   예수님은 무엇을 위해 이 땅에 오셨습니까?
   하나님과 관계를 맺는데 방해가 되는 것은 무엇입니까?
   여러분을 하나님과 친밀하게 하는 것은 무엇입니까?
   하나님은 여러분을 무엇으로부터 구원하셨습니까?

3장. 성령님에 대한 믿음
   성령님은 누구입니까?
   여러분은 어떻게 성령님을 영접할 수 있습니까?
   성령님을 통해 우리는 무엇이 변화될까요?

4장. 하나님의 은혜를 믿는다는 것은?
   하나님의 은혜에는 어떤 것이 있습니까?
   여러분의 이야기를 나누기
   여러분의 이야기를 잘 정리하는 방법
   이야기를 다듬는 방법
   예수님께 드리는 나의 서약
   기도

1부 열기

어느 날 한 젊은 여성이 내게 물었습니다.

""제가 믿어야할 중요한 것은 무엇인가요? 제가 예수님을 사랑하고, 예배드리고, 선한 삶을 산다면, 그것으로 충분하지 않을까요? 제가 하나님, 예수님, 그리고 성령님과 관련된 모든 것들을 다 믿어야만 하나요?"

아마도 여러분들도 이 젊은 여성과 똑같은 질문을 한 적이 있거나 지금도 고민하고 있을지도 모릅니다. 여러분 자신에 대해서 긍정적으로 생각하고 다른 배경의 사람들을 받아들이는 것이 중요하다고 강조하는 이 시대에, 하나님, 예수님, 그리고 성령님에 대한 믿음이 중요할까요?

1부의 네 장은 여러분들이 갖고 있는 이런 질문들에 대해 답할 수 있도록 도울 것입니다.

1장은 우리가 하나님에 대해 알아보는 것으로 시작합니다. 1장은 여러분이 현재 하나님에 대해 생각하는 것이 바른 것인지, 그리고 우리가 이성, 계시 그리고 성육신을 통해서 어떻게 하나님을 알고 연구할 수 있는 지에 대해 질문합니다. 1장에서 우리는 마치 닭이 그 새끼를 품듯이 우리를 향한 보이지 않는 하나님의 따뜻한 품을 경험할 것입니다.

2장은 예수님은 누구이며, 예수님이 이 땅에 오셔서 무엇을 하셨는지, 그리고 어떻게 여러분이 예수님을 따르는 제자가 될 수 있는 지 다루고 있습니다. 기독교는 여러분이 과거에 가졌던 영적인 경험, 어떤 기독교 교리를 믿는 것, 그리고 또한 과거에 있었던 용서의 경험 이상의 것입니다. 기독교는 '제자도'

입니다!

3장에서 '제자도'는 성령님의 함께하심과 일하심이 없이는 불가능하다고 강조합니다. 3장은 성령님이 어떤 분인지, 성령님이 어떤 일을 하는지, 그리고 성령님의 함께하심을 통해서 여러분이 일상의 삶에서 어떻게 변화될 수 있는지 이해할 수 있도록 도울 것입니다.

4장은 여러분 자신이 경험한 하나님의 은혜에 대해 적어보도록 도와줍니다. 여러분의 경험을 글로써 표현하는 것은 일상에서 하나님을 따르는 헌신으로 여러분을 초청하며 여러분의 마음을 열고 삶을 바꾸시는 성령님의 변화시키는 능력을 경험하고 헌신하도록 초청할 것 것입니다.

1부를 공부하면서 여러분이 하나님에 대해 좀 더 분명히 이해하고, 예수님에 대해 좀 더 인격적인 관계를 가지고, 성령님이 여러분을 어떻게 변화시켰는지에 대해 동료들에게 말할 수 있게 될 것입니다.

1장. 하나님을 믿는다는 것은?

우리는 여러 종교적 신념과 다양성이 늘어나고 있는 세상에 살고 있습니다. 신념은 여러분의 삶을 세우는 토대입니다. 모든 사람들은 저마다 신념을 갖고 삽니다. 그러나 검증 되지 않은 신념들은 우리를 옳지 않은 길로 가게 하거나 위험하거나 심지어 추구할 가치가 없는 목적을 위해 헛된 노력을 하게 합니다.

예를 들어서, 사람들이 모두 지구가 평평하다고 믿을 때, 선원들은 지구가 평평하기 때문에 아래로 떨어지지 않기 위해서 바닷가에서 너무 멀리 항해하는 것을 두려워했습니다. 그러나 중력의 발견과 '지구는 둥글다'는 사실은 사람들의 행동에 많은 변화를 가져왔습니다.

모든 사람들은 각자의 세계관을 가지고 있습니다. 일반적으로 그 세계관과 각자가 가지고 있는 신념들은 드러나지 않게 현재와 미래의 삶에 대해 생각하는 방법을 결정합니다.

흔들리지 않는 굳건한 신념들의 토대는 심지어 삶의 문제들과 수수께끼같이 이해하기 힘든 일들에 대해 분명한 답을 가지고 있지 않을 때조차 여러분을 좀 더 행복하고, 안전하고 창조적인 사람이 되게 할 것입니다. 이제부터 우리는 성서가 무엇을 말하고 있는지 그리고 어떻게 성서의 지식이 여러분이 하나님을 믿을 수 있도록 하는지 이야기해보고자 합니다.

여러분이 믿는 하나님은 얼마나 큽니까?

"주 하나님, 주님은 위대하십니다. 우리의 귀로 다 들어 보았습니다만, 주님과 같은 분이 또 계시다는 말은 들어 본 적이 없고, 주님 밖에 또 다른 하나님이 있다는 말도 들어 본 적이 없습니다." 사무엘하 7장 22절

많은 사람들은 하나님에 대한 그들의 개념이 충분히 크지 않기 때문에 하나님을 받아들이거나 하나님을 믿는 것을 어려워합니다. 필립스 J. B. Phillips는 그의 책 『당신의 하나님은 너무 작다 *Your God Is Too Small*』에서 우리는 종종 우리가 어렸을 때 가졌던 하나님에 대한 부적절한 개념을 가지고 있다고 말하고 있습니다.1

비신자 unbeliever가 하나님에 대한 우리의 믿음에 대해 문제를 제기한다면, 우리는 이렇게 물을 수 있습니다. "당신이 갖고 있는 신에 대한 개념을 나에게 설명해 주실 수 있습니까?" 라고 말입니다. 상대방의 대답에 따라, 우리는 "나도 그런 종류의 신을 믿지 않아!"라고 말하고 싶을지도 모릅니다.

다음에 나열한 하나님의 부정적인 개념들을 검토하는 것은 여러분이 갖고 있던 오래된 개념을 없애고 하나님을 더 잘 이해하는데 도움을 줄 수 있습니다. 현재 세계에 비해 너무 작은 신의 개념은 다음과 같습니다.

1. 우리 마음 속의 억압자로서의 하나님

많은 사람들에게 하나님은 우리를 돌보는 분이기보다는 무엇인가를 하지 못하게 하는 분입니다. 하나님은 죄수들을 잡으려고 하는 경찰관과 같습니다. 무엇인가를 하지 말아야 한다고 제한하는 양심은 우리들이 하나님을 경험하는 방법입니다. 어린 시절에 생겨난 이 '잘못된 하나님에 대한 이미지'가 하나님을 이해하고자 하는 여러분에게 얼마나 많은 부정적인 개념을 심어 주었을까요??

2. 어린 시절 부모님으로서의 하나님

하나님에 대한 초기 개념은 거의 항상 우리가 어떻게 아버지나 어머니를 경험했는지에 기초합니다. 만약 우리의 부모가 운이 좋게 좋은 부모였다면, 이것은 우리가 하나님에 대한 긍정적인 개념을 발전시키는데 도움을 줄 것입니다. 하지만 부모와 떨어져 살거나, 부모에게 학대를 받거나, 부모에게 너무 많은 것을 요구받았다면, 우리는 하나님에 대해 저항하거나 두려운 태도를 취하는 경향이 있습니다.

3. 근엄한 노인으로서 하나님

하나님은 남성이나 여성을 넘어선 분이십니다. 성서는 아버지로서 하나님을 반복해서 언급하지만, 어머니로서의 하나님의 모습도 있습니다. 우리는 하나님을 남성성과 여성성을 가지신 좋은 부모로 생각할 수 있습니다.

어린 시절에 우리에게 지혜와 지도를 주는 사람들은 보통 우리에게 늙어 보이기 때문에, 하나님을 근엄한 노인으로 생각하는 것은 당연할지도 모릅니다. 나이가 긍정적인 특성이 될 수 있지만, 그것은 또한 하나님을 구식이나 산타클로스로 생각하게 할 수도 있습니다.

4. 우리를 만드셨으나 멀리 떨어져서 간섭하지 않으시는 하나님

어떤 사람들은 하나님이 우주를 창조했다고 믿지만, 그 후에 우주에 관여하기를 그만두었다고 생각합니다. 그들은 하나님을 개인적으로 만나거나 포옹할 수 없는 먼 신비한 존재로 생각합니다.

5. 폭력적이고 예측 불가능한 힘을 가진 존재로서의 하나님

다른 사람들은 여전히 폭풍, 지진, 그리고 자연의 파괴적인 결과에 대한 책임을 하나님에게 돌립니다. 보험 회사들은 때때로 이러한 자연재해들을 "하나님의 행위"라고 부릅니다. 우리는 이런 자연재해로부터 오는 문제에 대해 답하기 어렵고 힘들다고 생각합니다. 그러나, 하나님께서 여러분을 괴로움과 고

통으로부터 구하지 않으실 수 있지만, 하나님은 여러분이 당하는 고통 가운데 함께 계십니다.

토의를 위한 부분

여러분이 하나님에 대한 위의 다섯 가지 개념을 들었을 때 문득 생각나는 이야기나 경험이 있으신가요? 어떤 어려움을 겪었나요? 그 외에 여러분이 가지고 있는 질문이나 나눌 내용은 무엇입니까?

하나님이 계시다는 것을 어떻게 알 수 있습니까?

"주님께서 말씀하신다. "오너라! 우리가 서로 변론하자. 너희의 죄가 주홍빛과 같다 하여도 눈과 같이 희어질 것이며, 진홍빛과 같이 붉어도 양털과 같이 희어질 것이다." 이사야서 1장 18절

아무도 하나님을 보지 못했고, 아무도 하나님의 존재를 확실히 증명하지 못했습니다. 믿음으로 우리는 하나님이 계시다고 주장합니다. 하지만 그 믿음은 증거가 없는 것은 아닙니다. 인간은 이성과 계시를 통해 진실을 알 수 있습니다. 이성을 통해서, 여러분은 하나님이 반드시 존재하신다는 것을 이해할 수 있습니다. 계시를 통해 하나님과 여러분은 서로 소통할 수 있습니다. 다음은 여러분이 이성을 통해 하나님에 대해 알게 될 수 있는 세 가지 방법과, 계시를 통해 하나님을 믿게 되는 세 가지 방법입니다.

1. 이성을 통해 하나님을 알 수 있는 방법

1. 자연을 통해 하나님을 아는 것

하늘은 하나님의 영광을 드러내고, 창공은 그의 솜씨를 알려 준다. 낮은 낮에게 말씀을 전해 주고, 밤은 밤에게 지식을 알려 준다. 그 이야기 그 말

소리, 비록 아무 소리가 들리지 않아도 시편 19편 1~3절

이 세상 창조 때로부터, 하나님의 보이지 않는 속성, 곧 그분의 영원하신 능력과 신성은, 사람이 그 지으신 만물을 보고서 깨닫게 되어 있습니다. 그러므로 사람들은 핑계를 댈 수가 없습니다. 로마서 1장 20절

2. 도덕적인 법을 통해 하나님을 아는 것

여러분들은 주님께서 보시는 앞에서 올바르고 선한 일을 하십시오. 그러면 여러분들이 잘 되고, 주님께서 여러분들의 조상에게 맹세하신 저 좋은 땅에 들어가서, 그 곳을 차지하게 될 것이며, 신명기 6장 18절

여러분은 여러분이 어떻게 살 것인지를 선택할 수 있는 자유의지를 받았습니다. 여러분의 행동의 결과와 결과를 경험하는 것은 도덕적인 법을 주신 하나님이 있다는 것을 말해줄 수 있습니다. 만약 이 법을 지키면 여러분은 상을 받을 수 있고, 그것을 어기면 여러분과 사회는 고통과 재앙을 경험하게 됩니다.

3. 내적 경험을 통해 하나님을 아는 것

바울이 아레오바고 법정 가운데 서서, 이렇게 말하였다. "아테네 시민 여러분, 내가 보기에, 여러분은 모든 면에서 종교심이 많습니다.… 내가 다니면서, 여러분이 예배하는 대상들을 살펴보는 가운데, '알지 못하는 신에게'라고 새긴 제단도 보았습니다. 그러므로 나는 여러분이 알지 못하고 예배하는 그 대상을 여러분에게 알려 드리겠습니다. 사도행전 17장 22~23절

모든 문화에서, 언제나 그리고 어디서든, 인간은 하나님께 기도를 드리고, 하나님을 가까이 느꼈습니다. 인간은 자신보다 더 위대한 무언가에 대해 알고 싶거나 숭배하고 싶은 내면의 열정을 가지고 있습니다. 내면의 신비로운 열정 때문에, 여러분은 여러분 자신과 다른 존재가 있다고 생각할지도 모릅니다.

2. 계시를 통해 하나님을 알 수 있는 방법

1. 초자연적인 것을 통해 하나님을 아는 것

모든 사람에게 두려운 마음이 생겼다. 사도들을 통하여 놀라운 일과 표징이 많이 일어났던 것이다. 사도행전 2장 43절

자연과 과학의 법칙을 통해 설명될 수 없는 방법으로 치유되고, 인도되고, 권능을 부여받은 사람들로 가득한 이야기들이 있습니다. 이러한 경험들은 우리가 하나님을 알 수 있는 초자연적인 행위입니다.

2. 하나님과의 교제를 통해 하나님을 아는 것

이것은 주님께서 예레미야에게 하신 말씀이다. 예레미야 8장 1절

주님께서 나에게 말씀하셨다. 에스겔 12장 1절

성서의 저자들은 300번 이상 "주께서 나에게 오셨다…" 라고 말합니다. 비록 현시대의 많은 목회자와 신학교 교수들을 포함한 믿는 사람들이 초자연적인 생각, 통찰력, 그리고 하나님의 영의 인도를 받는다고 이야기 하지만, 성서는 하나님을 아는 중요한 원천입니다.

3. 예수를 통해 하나님을 아는 것

태초에 '말씀'이 계셨다. 그 '말씀'은 하나님과 함께 계셨다. 그 '말씀'은 하나님이셨다…. 그 말씀은 육신이 되어 우리 가운데 사셨다 요한복음 1장 1절, 14절 앞부분

예수님은 인류와 하나님 사이를 이어주시는 유일한 하나님이자 사람인 분이십니다. 하나님의 거룩한 말씀과 뜻이 육체가 되었습니다. 예수 그리스도 안에서 의롭게 되었습니다. 여러분은 예수님과의 관계를 통해 가장 명확하게 하나님을 경험하고 알 수 있습니다.

하나님께서는 성육신 하셨습니다. 예수 그리스도를 따르는 사람들과 성령 충만한 사람들의 성품과 행동 속에서 인간의 모습으로 나타나셨습니다. 여러분은 예수님을 통해서 하나님을 알 수 있고, 여러분은 그리스도처럼 사는 사람들을 통해서 하나님을 알 수 있을 것입니다.

토의를 위한 부분

하나님을 알게 되고 경험하게 되는 여섯 가지 방법_{이성으로 아는 방법 3가지, 계시로 아는 방법 3가지}을 생각해 보십시오. 그것 가운데 여러분의 마음 속에 울림을 주는 것은 무엇입니까? 이와 관련되어 우리와 함께 나눌 개인적인 경험이나 이야기가 있습니까?

성서는 하나님에 대해 어떻게 말하고 있습니까?

성서는 하나님이 사람들에게 어떻게 손을 내밀었고 그들이 어떻게 반응했는지에 대한 이야기입니다. 하나님과 인간의 만남은 하나님의 본성과 의도에 대해 많은 것을 말해줍니다.[2] 다음은 성서에 묘사된 하나님의 8가지 성품입니다. 각 성품들은 우리의 삶에 의미가 되고 유익합니다.[3]

1. 하나님은 한 분이십니다

이스라엘은 들으십시오. 주님은 우리의 하나님이시요, 주님은 오직 한 분 뿐이십니다. 신명기 6장 4절

그리스도의 몸도 하나요, 성령도 하나입니다. 이와 같이 여러분도 부르심을 받았을 때에 그 부르심의 목표인 소망도 하나였습니다. 주님도 한 분이시요, 믿음도 하나요, 세례도 하나요, 하나님도 한 분이십니다. 하나님은 모든 것의 아버지시요, 모든 것 위에 계시고 모든 것을 통하여 계시고 모든 것 안에 계시는 분이십니다. 에베소서 4장 4-6절

어떤 문화권에서는 많은 신들이 있다고 믿는 반면다신론: polytheism, 성서는 분명히 오직 한분 하나님만이 존재하며 이 하나님은 단순히 다른 신들의 왕이 아니라고 말합니다. 한 분 하나님을 믿는 것을 단일신론monotheism이라고 합니다. 한 분 하나님이라 개념은 세계를 바라보는 우리의 관점을 통일시킵니다.

2. 하나님은 관계적이십니다

주 예수 그리스도의 은혜와 하나님의 사랑과 성령의 사귐이 여러분 모두와 함께 하기를 빕니다. 고린도후서 13장 14절

우리의 하나님은 한 분이시지만, 우리는 세 가지 다른 방식으로 하나님을 경험합니다. 완벽한 상호작용, 사랑, 조화를 제공하는 성부 하나님, 성자 예수님, 성령 하나님의 삼위일체로서 말입니다. 우리와 교제하시는 하나님은 공동체로 존재하시고삼위일체로, 그 하나님은 우리 역시 또한 사랑이 가득한 공동체 안에서 삶의 기쁨들을 경험하기를 원하십니다.

3. 하나님은 창조적이십니다

태초에 하나님이 천지를 창조하셨다. 창세기 1장 1절

전 세계의 기독교인들은 "나는 전능하신 하나님 아버지, 천지의 창조주를 믿습니다."라는 말로 시작하는 사도신경을 암송합니다. 하나님은 우리를 하나님 자신의 이미지로 만드셨기 때문에, 우리는 또한 창조성의 재능을 가지고 있습니다.

4. 하나님은 영이십니다

하나님은 영이시다. 그러므로 하나님께 예배를 드리는 사람은 영과 진리로 예배를 드려야 한다. 요한복음 4장 24절

하나님은 물질로 구성되어 있지 않고 육체적인 성질을 가지고 있지 않습니다. 우리는 영적인 방법으로 그리고 공동체를 통해 하나님을 경험합니다. 그

래서 우리는 교회를 때때로 "성령의 공동체"라고 부릅니다.

5. 하나님은 사랑이십니다

사랑하지 않는 사람은 하나님을 알지 못합니다. 하나님은 사랑이시기 때문입니다. 요한일서 4장 8절

어떤 사람들은 "하나님은 사랑이시다"라고 말할 것입니다. 우리는 "하나님은 사랑하시는 분이시고, 우리는 예수 그리스도 안에서 사랑을 가장 분명하게 알고 있습니다."라고 말합니다. 하나님은 우리가 요청할 때 우리의 실패를 용서하시고 우리가 다른 사람들을 용서하도록 도우십니다. 우리가 서로 용서하고 용서받는 사회에서 사는 것은 사랑의 하나님의 용서하심에 뿌리를 두고 있습니다.

6. 하나님은 정의로우십니다.

하나님은 반석, 하시는 일마다 완전하고, 그의 모든 길은 올곧다. 그는 거짓이 없고, 진실하신 하나님이시다. 의로우시고 곧기만 하시다. 신명기 32장 4절

하나님은 도덕적으로 온전하십니다. 그 분은 악한 일을 도모하지 않으십니다. 하나님나라는 하나님과, 우리 스스로와, 다른 사람들과, 그리고 온 세상과 올바른 관계를 맺는 왕국입니다. 하나님은 여러분에게 무엇을 요구하시나요? 하나님은 오로지 공의를 실천하며 인자를 사랑하며 겸손히 네 하나님과 함께 행하는 것을 요구하십니다. 미가 6장 8절

7. 하나님은 인격적이십니다.

하나님이 당신의 형상대로 사람을 창조하셨으니, 곧 하나님의 형상대로 사람을 창조하셨다. 하나님이 그들을 남자와 여자로 창조하셨다. 창세기 1장 27절

생각하고 느끼고 행동하는 우리의 능력은 하나님으로부터 왔습니다. 그리고 하나님께서는 우리를 자신의 이미지로 만드셨습니다. 우리 스스로에 대한 가치는 이미 주어진 것이고, 우리 스스로에 대한 가치는 우리가 하는 그 무엇이 아니라, 우리가 누구인가를 아는 것에 놓여 있습니다.[4]

8. 하나님은 영원하십니다.

산들이 생기기 전에, 땅과 세계가 생기기 전에, 영원부터 영원까지, 주님은 하나님이십니다. 시편 90편 2절

하나님은 무슨 일이 일어났고, 무슨 일이 일어나고 있는지 알고 계십니다. 우리가 하나님과 관계를 갖는 것과 우리를 향한 하나님의 약속들은 우리에게 우리가 죽은 후 우리는 하나님과 이 땅의 모든 믿음의 사람들과 함께 살 것이라는 소망을 줍니다.

토의를 위한 부분

위의 여덟 가지 하나님의 속성을 한 문장으로 표현한다면 어떻게 묘사하겠습니까? 다른 그룹원들과 나누십시오.

여러분의 하나님은 어떤 부모이십니까?

아버지께서 우리에게 얼마나 큰 사랑을 베푸셨는지를 생각해 보십시오. 하나님께서 우리를 자기의 자녀라 일컬어 주셨으니 우리는 하나님의 자녀입니다. 세상이 우리를 알지 못하는 까닭은 하나님을 알지 못하기 때문입니다. 요한일서 3장 1절

좋은 아버지와 어머니들은 자녀들에게 적극적이고 창의적인 관심을 갖습니다. 좋은 부모들은 자녀들의 필요에 반응하고 아이의 최대 관심사에 관심을

갖고 행동합니다. 좋은 부모들은 자녀를 위해 좋은 것들을 주기를 원합니다. 우리 하나님은 그런 분이십니다.

하나님에 대한 가장 훌륭한 비유 중 하나는 누가복음 15장에 있는 기다리시는 아버지에 관한 이야기입니다. 그것은 우리를 사랑하는 하나님이 우리를 받아주시고 그의 가족으로 우리를 환영해주시는 모습을 보여줍니다.

어떤 사람에게 아들이 둘 있는데 .작은 아들이 아버지에게 말하기를 '아버지, 재산 가운데서 내게 돌아올 몫을 내게 주십시오' 하였다. 그래서 아버지는 살림을 두 아들에게 나누어 주었다.

며칠 뒤에 작은 아들은 제 것을 다 챙겨서 먼 지방으로 가서, 거기서 방탕하게 살면서, 그 재산을 낭비하였다. 그가 모든 것을 탕진했을 때에, 그 지방에 크게 흉년이 들어서, 그는 아주 궁핍하게 되었다. 그래서 그는 그 지방의 주민 가운데 한 사람을 찾아가서, 몸을 의탁하였다. 그 사람은 그를 들로 보내서 돼지를 치게 하였다. 그는 돼지가 먹는 쥐엄 열매라도 좀 먹고 배를 채우고 싶은 심정이었으나, 그에게 먹을 것을 주는 사람이 없었다.

그제서야 그는 제정신이 들어서, 이렇게 말하였다. '내 아버지의 그 많은 품꾼들에게는 먹을 것이 남아도는데, 나는 여기서 굶어 죽는구나. 내가 일어나 아버지에게 돌아가서, 이렇게 말씀드려야 하겠다. 아버지, 내가 하늘과 아버지 앞에 죄를 지었습니다. 나는 더 이상 아버지의 아들이라고 불릴 자격이 없으니, 나를 품꾼의 하나로 삼아 주십시오.'

그는 일어나서, 아버지에게로 갔다. 그가 아직도 먼 거리에 있는데, 그의 아버지가 그를 보고 측은히 여겨서, 달려가 그의 목을 껴안고, 입을 맞추었다.

아들이 아버지에게 말하였다. '아버지, 내가 하늘과 아버지 앞에 죄를 지었습니다. 이제부터 나는 아버지의 아들이라고 불릴 자격이 없습니다.' 그러나 아버지는 종들에게 말하였다. '어서, 가장 좋은 옷을 꺼내서, 그에게 입히고, 손에 반지를 끼우고, 발에 신을 신겨라. 그리고 살진 송아지를 끌어내다가 잡아라. 우리가 먹고 즐기자. 나의 이 아들은 죽었다가 살아났고, 내가 잃었다가 되찾았다.' 그래서 그들은 잔치를 벌였다. 누가복음 15장 11-24절

토의를 위한 부분

여러분의 하나님에 대한 개념은 아버지나 어머니에 대한 경험에 의해 어떻게 형성되었습니까? 예를 들어, 여러분의 부모님은 따뜻하게 양육하시는 분, 정의로우신 분, 사랑이 많으신 분, 혹은 그렇지 않으신 분, 비판적이거나, 많은 것을 요구하신 분이셨습니까? 이러한 부모님의 모습이 하나님과의 관계에 어떤 영향을 미쳤습니까?

2장. 예수님을 믿는다는 것은?

　기독교는 단지 철학이나 규칙들을 모아둔 것이 아닙니다. 기독교는 하나님이시면서 인간이셨던 예수 그리스도를 중심으로 세워졌습니다. 예수님은 우리 신앙의 중심입니다! 기독교인들은 예수님을 통한 하나님과의 개인적인 관계가 중심인 사람들, 일상생활에서 예수님을 따르기로 헌신하는 사람들입니다.

예수님은 어떤 분입니까?

1. 예수님은 우리들과 함께 살기 위해 하나님으로부터 오셨습니다.

　복음서로부터 여러분은 세속적인 역사가들이 줄리어스 시저에 대해 아는 것보다 예수님에 대해 더 많이 배울 수 있습니다. 누가복음의 저자인 의사 누가는 다음과 같은 말로 데오빌로에게 보내는 보고서를 시작했습니다.

> 우리 가운데서 일어난 일들에 대하여 차례대로 이야기를 엮어내려고 손을 댄 사람이 많이 있었습니다. 그들은 이것을 처음부터 말씀의 목격자요 전파자가 된 이들이 우리에게 전하여 준 대로 엮어냈습니다. 그런데 존귀하신 데오빌로님, 나도 모든 것을 시초부터 정확하게 조사하여 보았으므로, 각하께 그것을 순서대로 써 드리는 것이 좋겠다고 생각하였습니다. 이리하여 각하께서 이미 배우신 일들이 확실한 사실임을 아시게 되기를 바라는 바입니다. 누가복음 1장 1-4절

사도바울은 다음과 같은 말로 예수에 대해 말했습니다.

> 나사렛 예수는 하나님께서 기적과 놀라운 일과 표징으로 여러분에게 증명해 보이신 분입니다. 하나님께서는 그를 통하여 여러분 가운데서 이 모든 일을 행하셨습니다. 이 예수께서 버림을 받으신 것은 하나님이 정하신 계획을 따라 미리 알고 계신 대로 된 일이지만, 여러분은 그를 무법자들의 손을 빌어서 십자가에 못박아 죽였습니다. 그러나 하나님께서는 그를 죽음의 고통에서 풀어서 살리셨습니다. 그가 죽음의 세력에 사로잡혀 있는 것은 있을 수 없는 일이기 때문입니다. 사도행전 2장 22-24절

2. 역사가들은 예수님의 실재를 문서로 남겼습니다.

　성서 외부의 자료에서 다음과 같은 사실을 알 수 있습니다.

- 그리스도의 탄생은 특별했다. 미쉬나 : 유대인 율법 해설서
- 제자들은 예수님을 하나님으로 알고 경배했다. 그리고 그 제자들을 기독교인이라고 불렀다. Pliny, Tacitus, and Suetonius.
- 예수님은 유월절 기간에 미쉬나, 짙은 어둠 속에서 Thales 빌라도에게 처형되었다 Tacitus.
- 관리들은 왜 유대인들이 현명한 왕을 죽였는지 궁금해했다. Maraben Saya.
- 그들은 예수님이 무덤에서 나왔다고 보고하였다. Josephus, Eliezer, and Tacitus.

3. 예수님은 하나님께 순종하며 사셨습니다.

예수님은 아버지의 명령을 충실히 수행하셨습니다.

예수님께서는 이렇게 말씀하셨습니다.

> 나의 양식은, 나를 보내신 분의 뜻을 행하고, 그분의 일을 이루는 것이다.
> 요한복음 4장 34절

> 그것은 내가 내 뜻대로 하려 하지 않고, 나를 보내신 분의 뜻대로 하려 하기 때문이다. 요한복음 5장 30절

초대교회 교인들은 찬송시에서 이렇게 고백했습니다.

> 그는 하나님의 모습을 지니셨으나, 하나님과 동등함을 당연하게 생각하지 않으시고, 오히려 자기를 비워서 종의 모습을 취하시고, 사람과 같이 되셨습니다. 그는 사람의 모양으로 나타나셔서, 자기를 낮추시고, 죽기까지 순종하셨으니, 곧 십자가에 죽기까지 하셨습니다. 그러므로 하나님께서는 그를 지극히 높이시고, 모든 이름 위에 뛰어난 이름을 그에게 주셨습니다. 그리하여 하늘과 땅 위와 땅 아래 있는 모든 것들이 예수의 이름 앞에 무릎을 꿇고, 모두가 예수 그리스도는 주님이시라고 고백하여, 하나님 아버지께 영광을 돌리게 하셨습니다. 빌립보서 2장 6-11

4. 예수님은 우리의 완전한 선생님이시고, 우리를 죄로부터 해방시키신 구세주이시며, 우리의 주님이십니다.

예수님을 따르는 사람들은 예수님을 완전한 선생님으로 바라봅니다. 예수님은 죄를 이겨낼 힘을 주십니다. 그리고 예수님은 지금과 앞으로 다가올 삶에서 우리가 어떻게 살아야 할지 알려주십니다.

5. 예수님은 살아계십니다.

예수께서 고난을 받으신 뒤에, 자기가 살아 계심을 여러 가지 증거로 드러내셨습니다. 그는 사십 일 동안 그들에게 여러 차례 나타나시고, 하나님 나라에 관한 일들을 말씀하셨습니다. 사도행전 1장 3절

부활 후, 예수님은 제자들에게 나타나셨습니다. 예수님께서 하늘로 올라가신 뒤에, 예수님은 성령을 통해서 우리에게 다시 오셨고, 우리 모두가 경험할 수 있게 되었습니다. 여러분들은 예수님을 따르는 사람들과 함께 지금도 예수님의 살아계심과 인도하심을 경험할 수 있습니다. 우리는 살아있는 예수님을 예배하고 따릅니다!

6. 초기 기독교인들은 예수님을 그들의 주님 the Lord 으로 받아들였습니다.

도마가 예수께 대답하기를 "나의 주님, 나의 하나님!" 하니 요한복음 20장 28절 하나님께서는 이스라엘 자손에게 말씀을 보내셨는데, 곧 예수 그리스도를 통하여 평화를 전하셨습니다. 예수 그리스도는 만민의 주님이십니다. 사도행전 10장 36절

초대교회 교인들에게, "예수님은 나의 주님 the Lord 이시다"라는 말은 "예수님은 나의 왕이자 최고의 권위이다."라는 뜻이었습니다 로마 제국에서 시저는 주님 the Lord 으로, 궁극적인 권위로 숭배받았으나, 초대교회 교인들은 생명의 위험을 무릅쓰고 예수님을 그들의 주님이라고 선언했습니다. 예수님을 받아

들이는 것은 예수님이 여러분의 주님이시며 궁극적인 권위가 된다는 의미입니다. 기독교인으로서, 여러분은 . 주인이시지만 종처럼 행동하는 하늘과 땅의 주님이신 예수님에 의해 새로운 통치 아래 놓이게 될 것입니다.

토의를 위한 부분

여러분 주위의 세상은 예수님이 어떤 분이라고 말합니까?

여러분은 "예수님은 어떤 분입니까?"라는 질문을 한 친구에게 어떻게 대답하시겠습니까?

예수님이 하나님에 대해 말씀하신 것은 무엇입니까?

그는 하나님의 영광의 광채시요, 하나님의 본체대로의 모습이십니다. 히브리서 1장 3절

예수님은 세상을 위한 하나님의 특별한 선물입니다. 예수님을 통해 우리는 하나님과 하나님의 뜻을 이해하는데 큰 도움을 받습니다. 예수님을 통해 우리는 하나님과 개인적인 관계를 맺게 됩니다.

1. 예수님은 하나님의 말씀과 지혜를 드러내셨습니다.

태초에 '말씀'이 계셨다. 그 '말씀'은 하나님과 함께 계셨다. 그 '말씀'은 하나님이셨다… 그 말씀은 육신이 되어 우리 가운데 사셨다. 요한복음 1장 1절, 14절

그리스 사람들은 지식과 지혜가 우주에 떠다닌다고 믿었습니다. 히브리 사람들은 하나님의 말과 지혜가 신비롭게 세상을 존재하게 했다고 믿었습니다. 사도 요한은 그리스인과 유대인들의 이해를 돕기 위해 우주에 존재하는 비인간적이지만 강력한 지혜/말씀이 인간 예수 그리스도를 통해 우리에게 왔다고

설명했습니다.

2. 예수님은 하나님의 속성을 드러내십니다.

나를 본 사람은 아버지를 보았다. 요한복음 14장 9절

내가 언제나 아버지께서 기뻐하시는 일을 하기 때문이다 요한복음 8장 29절

만약 여러분이 하나님의 속성이나 하나님의 뜻을 알고 싶다면, 예수님을 주의 깊게 살펴보아야 합니다! 우리의 생각과 행동은 예수의 본성과 일치해야 합니다.

3. 예수님은 하나님의 의도를 드러내십니다.

때가 찼다. 하나님나라가 가까이 왔다. 마가복음 1장 15절

너희는 먼저 하나님나라와 하나님의 의를 구하여라. 그리하면 이 모든 것을 너희에게 더하여 주실 것이다. 마태복음 6장 33절

태초부터, 하나님의 목적은 자신의 백성을 인도하고 그 백성들이 서로 협력하며 살 수 있도록 돕는 것이었습니다. 하나님나라를 소개한 예수 그리스도를 통해, 우리는 하나님의 목적이 우리의 생각, 마음, 그리고 관계의 모든 영역을 다스리시도록 할 수 있습니다.

토의를 위한 부분 5

사도 요한은 어떻게 그리스도와 유대인들이 예수 그리스도를 통해 하나님을 개인적으로 이해하도록 도왔는지 설명하고 토론합니다.

어떻게 하면 이 곳에서 여러분들이 배운 예수님에 대한 내용을 주위의 세상 사람들에게 잘 연결되도록 도울 수 있을까요?

예수님은 무엇을 위해 이 땅에 오셨습니까?

리더는 그를 따르는 사람들이 있는 사람입니다. 예수님은 지금까지 살아오신 그 누구보다 더 많은 사람들에게 영향을 주셨고 더 많은 사람들이 따르고 있습니다. 예수님은 무엇을 위해 이 땅에 오셨습니까?

1. 예수님은 좋은 소식을 전하러 오셨다.

요한이 잡힌 뒤에, 예수께서 갈릴리에 오셔서, 하나님의 복음을 선포하셨다. "때가 찼다. 하나님나라가 가까이 왔다. 회개하여라. 복음을 믿어라."
마가복음 1장 14-15절

예수님은 하나님의 통치가 이 땅에서 새로운 방식으로 시작된다는 좋은 소식을 가지고 오셨습니다. 예언자들, 특히 예언자 이사야는 하나님께서 이 땅을 다스리실 때를 고대했습니다.

이사야는 하나님의 통치가 빛과 성령이사야 60장 1-2,9절, 요한복음 1장 5절, 전도와 구원이사야서 43장 1-4절, 누가복음 4장 18-19절과 평화이사야서 60장 17-19절, 누가복음 2장 14절와 치유이사야서 35장 5-6절, 마가복음 1장 32-34절와 기쁨이사야서 35장 10절, 누가복음 2장 10절, 회개와 하나님께로 돌아올 것이사야서 51장 11절, 마태복음 4장 17절과 무엇보다도 의와 정의이사야서 42장 1-7절, 누가복음 10장 25-37절로 채워질 것이라고 예언하였습니다. 이 모든 예언들은 예수 그리스도와 그가 머리가 된 교회와 하나님나라에서 이루어졌습니다.

2. 예수님은 섬기는 왕a servant king으로 오셨다.

예수님은 이 세상의 왕이나 통치자와는 매우 다른 왕이셨습니다. 예수님은 저주를 받는 비천한 자가 아니라 왕으로 십자가에 못박히셨습니다.

너희 가운데서 으뜸이 되고자 하는 사람은 너희의 종이 되어야 한다.… 인자는 섬김을 받으러 온 것이 아니라 섬기러 왔으며, 많은 사람을 위하여 자기 목숨을 몸값으로 치러 주려고 왔다." 마태복음 20장 27-28절

그러므로 이스라엘 온 집안은 확실히 알아두십시오. 하나님께서는 여러분이 십자가에 못박은 이 예수를 주님과 그리스도가 되게 하셨습니다." 사도행전 2장 36절

빌라도가 물었을 때, 예수님은 이렇게 말씀하셨습니다.

"내 나라는 이 세상에 속한 것이 아니오. 나의 나라가 세상에 속한 것이라면, 나의 부하들이 싸워서, 나를 유대 사람들의 손에 넘어가지 않게 하였을 것이오. 그러나 사실로 내 나라는 이 세상에 속한 것이 아니오." 요한복음 18장 36절

3. 오늘날의 세계에는 세 가지 종류의 왕국이 있다.

왕국의 도표를 설명하면 다음과 같습니다.

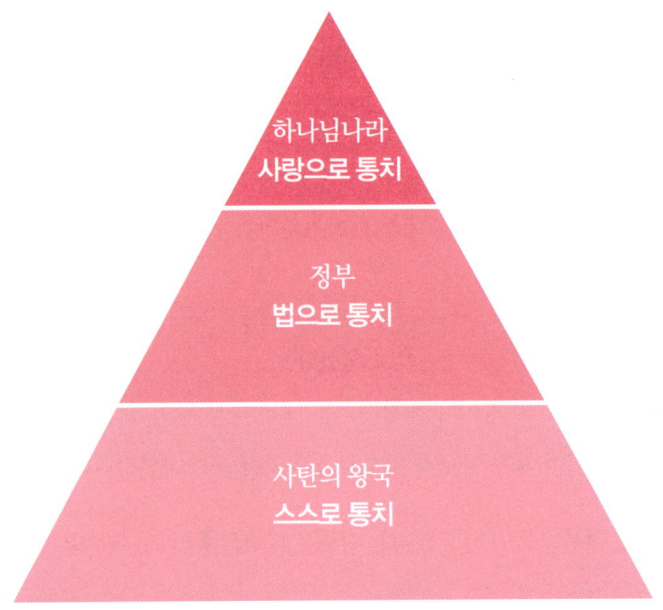

- **사탄의 왕국**(Satan's kingdom) : 사탄은 세계의 많은 사람들의 삶과 행동을 통제합니다. 사탄의 통제를 받는 사람들은 자유_{내가 하고 싶은 대로 하는 의미의 자유}를 삶의 가장 좋은 방식이라고 믿습니다. 그러나 이것은 그들의 삶, 가족, 공동체, 그리고 세계에 혼란을 가져옵니다.

> … 사탄도 빛의 천사로 가장합니다. _{고린도후서 11장 14절}

- **정부**(Civil government) : 하나님은 죄악으로 가득한 세계에서 악을 다스릴 권한을 부여하셨습니다. 정부의 목적은 생명을 유지하고 질서를 만드는 것입니다. 법은 세상 정부의 다스리는 강력한 수단입니다.

> …이미 있는 권세들도 하나님께서 세워주신 것입니다…. 그는 하나님의 일꾼으로서, 나쁜 일을 하는 자에게 하나님의 진노를 집행하는 사람입니다. _{로마서 13장 1,4절}

- **하나님나라**(God's kingdom) : 하나님이 왕으로 계신 곳과 그가 다스리는 곳이 하나님 나라입니다. 하나님나라는 여러분의 마음 속, 가족, 또는 헌신한 사람들 속에 있을 수 있습니다. 하나님나라의 지배 원리는 사랑이며, 그것은 법이 요구하는 내용을 만족시킵니다.

> 너희는 먼저 하나님나라와 하나님의 의를 구하여라. 그리하면 이 모든 것을 너희에게 더하여 주실 것이다. _{마태복음 6장 33절}

4. 오늘날 세계에서 사람들은 세 가지 방법으로 예수와 연관되어 살아갑니다.

- **비그리스도인**

비그리스도인은 예수님을 그들의 삶에 받아들이지 않습니다. 예수님은 그들의 삶 밖에 계시고 그들의 일의 주인이 아니십니다. 이 사람들은 종종 인생을 통제하는 중앙에 혹은 왕좌 위에 자기 자신, 다른 누군가 또는 다른 무언가를 둡니다.

■ 활동하지 않는 그리스도인

활동이 없는 그리스도인들은 예수를 구세주로 받아들였을지 모르지만, 그들은 예수를 그들의 주님으로 받아들이지 않고 있습니다. 그들은 종종 그들 자신의 왕국을 찾거나 다른 사람의 왕국을 위해 봉사합니다. 자기의 자아self가 아직도 그들의 삶을 통제합니다.

■ 적극적인 그리스도인

적극적인 그리스도인들은 예수님을 그들 삶의 주님으로 받아들이고 예수님을 따라 생활합니다. 예수님은 그들의 생명의 왕좌에 있고 그들 삶의 모든 일을 다스리십니다.

하나님과 관계를 맺는데 방해가 되는 것은 무엇입니까?

1. 어떤 사람들은 단순히 행복하길 원한다.

   사람의 눈에는 바른길 같이 보이나, 마침내는 죽음에 이르는 길이 있다. 잠언 16장 25절

   - 여러분은 무언가를 소유하면서 행복을 찾을 수 있습니다.
   - 여러분은 즐거움을 경험함으로써 행복을 찾을 수 있습니다.
   - 여러분은 힘을 얻음으로써 행복을 찾을 수 있습니다.

2. 어떤 사람들은 이미 하나님과 개인적인 관계를 맺고 있다고 생각합니다.

   다음과 같이 생각할 수 있습니다.
   - "저는 기독교 가정에서 자랐기 때문에 나는 기독교인일 거예요."
   - "나는 교회에서 오랫동안 활동했지요."

- "무엇을 믿는지는 중요하지 않습니다. 단지 성실하기만 하면 됩니다"
- "나쁜 습관을 버리고, 잘하고, 열심히 일하면 다 잘 될 거야."

3. 어떤 사람들은 그들이 원하는 대로 살 수 있는 자유를 원합니다.

여러분은 자유와 "내가 원하는 것을 하는 것"이 가장 즐거운 삶의 방법이라고 생각할지도 모릅니다. 그러나 여러분이 그런 생각을 하면, 여러분은 하나님과 진정한 자아, 다른 사람들, 그리고 전 세계와 갈등을 겪게 됩니다.

하나님의 인도하심과 의도를 무시하거나 거역하는 것은 결혼, 가족, 그리고 모든 종류의 관계를 파괴하는 결과를 가져옵니다. 하나님께서 바라는 풍요로운 삶에 대한 여러분의 장애물은 단순히 여러분이 예수를 여러분의 주님으로 인정하지 않는 것일지도 모릅니다.

> 여자가 그 나무의 열매를 보니, 먹음직도 하고, 보암직도 하였다. 그뿐만 아니라, 사람을 슬기롭게 할 만큼 탐스럽기도 한 나무였다. 여자가 그 열매를 따서 먹고, 함께 있는 남편에게도 주니, 그도 그것을 먹었다. 창세기 3장 6절

> "나더러 '주님, 주님' 하는 사람이라고 해서, 다 하늘 나라에 들어가는 것이 아니다. 하늘에 계신 내 아버지의 뜻을 행하는 사람이라야 들어간다. 마태복음 7장 21절

> 너희는 내 앞에서 다른 신들을 섬기지 못한다. 출애굽기 20장 3절

4. 어떤 사람들은 예수님을 주님으로 인정하지 않거나 무시합니다.

이것은 아마도 용서가 필요한 아주 근본적인 죄일 것입니다. 여러분은 이 죄의 결과로부터 구원을 받아야 합니다.

■ 하나님

너희 죄악이 너희와 너희의 하나님 사이를 갈라놓았고, 너희의 죄 때문

에 주님께서 너희에게서 얼굴을 돌리셔서, 너희의 말을 듣지 않으실 뿐이다. 이사야서 59장 2절

- **다른 사람들**
  모든 사람이 죄를 범하였습니다. 그래서 사람은 하나님의 영광에 못 미치는 처지에 놓여 있습니다. 로마서 3장 23절

- **여러분의 진짜 자아**
  사람이 온 세상을 얻고도 제 목숨을 잃으면, 무슨 이득이 있겠느냐? 마가복음 8장 36절

- **모든 창조물**
  모든 피조물이 이제까지 함께 신음하며, 함께 해산의 고통을 겪고 있다는 것을, 우리는 압니다. 로마서 8장 22절

토의를 위한 부분

여러분은 자신이나 다른 사람에게서 영적인 죽음을 본 적이 있습니까?

하나님과 다른 이들이 단절되는 것이 어떤 방식으로 감정적, 관계적, 영적 죽음을 가져옵니까?

죄의 삯은 죽음이요, 하나님의 선물은 우리 주 예수 그리스도 안에서 누리는 영원한 생명입니다. 로마서 6장 23절

여러분을 하나님과 친밀하게 하는 것은 무엇입니까?

여러분은 믿음을 통하여 은혜로 구원을 얻었습니다. 이것은 여러분에게서 난 것이 아니요, 하나님의 선물입니다. 행위에서 난 것이 아닙니다. 그러므로 아무도 자랑할 수 없습니다. 에베소서 2장 8-9절

우리가 자기 멋대로 살아가는 모습으로부터 구원을 얻는 방법은 예수 그리스도를 통해 하나님과 관계를 맺는 것입니다. 여러분은 아래의 방법을 통해 하나님과 친밀한 관계를 맺을 수 있습니다.

1. **먼저, 여러분은 예수님이 여러분의 주님이 아니셨음을 인정해야 합니다.**
   너희는 내 앞에서 다른 신들을 섬기지 못한다. 출애굽기 20장 3절
   우리가 죄가 없다고 말하면, 우리는 자기를 속이는 것이요, 진리가 우리 속에 없는 것입니다. 요한일서 1장 8절

2. **그리고, 하나님을 거절하고 잘못한 것은 하나님께 용서를 구해야 합니다.**
   우리가 우리 죄를 자백하면, 하나님은 신실하시고 의로우신 분이셔서, 우리 죄를 용서하시고, 모든 불의에서 우리를 깨끗하게 해주실 것입니다. 요한일서 1장 9절

3. **마지막으로 하나님께서 우리 모두에게 어떤 대가없이 주시는 구원의 선물을 받아들여야 합니다.**
   여러분이 만일 예수는 주님이라고 입으로 고백하고, 하나님께서 그를 죽은 사람들 가운데서 살리신 것을 마음으로 믿으면 구원을 얻을 것입니다. 로마서 10장 9절

여러분은 아래의 기도처럼 무엇인가가 일어나기를 바라는 기도를 간절히

하나님께 드릴 때, 하나님은 여러분을 용서하시고 구원하시고 여러분은 하나님과 새로운 관계 안에 들어갈 것입니다.

> 주 예수님,
> 저는 예수님께 반항하고 무시하면서 예수님의 마음을 아프게 했습니다.
> 저는 이 시간 진심으로 회개하고, 주님께 고백합니다.
> 저를 용서해주십시오.
> 이제 내 삶을 주님께 드리고 주님께서 제 인생을 다스리도록 초청합니다.
> 살아계신 성령님으로 저를 채워주십시오.
> 그러면 저를 향하신 주님의 목적을 이룰 수 있게 하겠습니다.
> 예수님의 이름으로 기도드립니다. 아멘

토의를 위한 부분

예수 그리스도를 주와 구주로 받아들이는 것에 대해 하실 말씀이나 다른 질문이 있습니까? 이제 예수 그리스도를 여러분의 주와 구주로 받아들이시겠습니까?

*1부의 마지막 "예수님께 드리는 나의 서약" 71쪽으로 가서 함께 결단의 시간을 가십니다.

하나님은 여러분을 무엇으로부터 구원하셨습니까?

구원을 받는다는 것은 여러분을 파괴했거나 파괴할 어떤 것 또는 누군가로부터 구조되는 것을 의미합니다. 여러분은 무엇으로부터 구원받고 있는 지를 구체적으로 말할 수 있어야만 합니다.

여러분이 하나님으로부터 여러분 자신을 분리시킨 것에 대한 하나님의 용서를 받아들일 때, 여러분이 예수님을 여러분의 주님으로 모시겠다고 충성을 맹세할 때, 여러분에게 변화 과정이 시작됩니다. 종종 이 과정은 여러분이 예수님에 대해 이해하는 정도를 따라 여러분이 예수님께 복종하는 만큼 아주 조금씩 이루어집니다.

1. **여러분이 예수님을 주님으로 받아들이면, 예수님은 다음에 있는 것으로부터 여러분을 구해내실 것입니다:**
   - 하나님, 가족, 친구 및 그 밖의 깨어진 관계로부터
   - 삶의 목적이나 방향 상실로부터
   - 다른 사람을 섬기기보다 나 자신에 대해 집중하는 것으로부터
   - 외로움, 인생의 고통, 낮은 자존감으로부터
   - 공격, 파괴 또는 사망을 일으키는 폭력을 따르는 것으로부터
   - 속임수, 부정직, 불공평한 경쟁으로부터
   - 음주, 약물 및 기타 중독적인 유해한 습관으로부터
   - 자기 자랑을 일삼고, 비판하고, 다른 사람을 깔보는 경향으로부터

2. **여러분은 지옥과 영원한 죽음에서 구원받을 것입니다.**

   그 때에 임금은 자기 오른쪽에 있는 사람들에게 말하기를 '내 아버지께 복을 받은 사람들아, 와서, 창세 때로부터 너희를 위하여 준비한 이 나라를 차지하여라….그 때에 임금은 왼쪽에 있는 사람들에게도 말할 것이다. '저주받은 자들아, 내게서 떠나서, 악마와 그 졸개들을 가두려고 준비한 영원한 불 속으로 들어가라. 마태복음 25장 34, 41절

   여러분이 전에는 하나님의 백성이 아니었으나, 지금은 하나님의 백성이요, 전에는 자비를 입지 못한 사람이었으나, 지금은 자비를 입은 사람입니다. 베드로전서 2장 10절

   하나님께서 세상을 이처럼 사랑하셔서 외아들을 주셨으니, 이는 그를 믿는 사람마다 멸망하지 않고 영생을 얻게 하려는 것이다. 요한복음 3장 16절

3. 여러분은 변화될 것입니다.

"나더러 '주님, 주님' 하는 사람이라고 해서, 다 하늘 나라에 들어가는 것이 아니다. 하늘에 계신 내 아버지의 뜻을 행하는 사람이라야 들어간다. 마태복음 7장 21절

여러분은 이 시대의 풍조를 본받지 말고, 마음을 새롭게 함으로 변화를 받아서, 하나님의 선하시고 기뻐하시고 완전하신 뜻이 무엇인지를 분별하도록 하십시오. 로마서 12장 2절

기독교는 방언을 말하고, 치유 받고, 예배에서 체험하는 특별하고 영적인 경험을 넘어섭니다. 신앙 고백이나 신조creed에 동의하는 것 이상입니다. 그것은 한번 용서 받은 큰 경험 그 이상입니다. 기독교는 바로 제자도discipleship, 제자됨 입니다.

기독교인들은 일상 생활에서 예수님을 따르는 사람들입니다. 심지어 평화와 비폭력에 대한 기독교의 입장도 성서의 몇몇 구절에만 바탕을 둔 것이 아닙니다. 그것은 우리를 변화시킨 예수님과 관계에 뿌리를 두고 있습니다. 예수님에 의해 변화된 사람들은 군인이나 세상 정부에 의해 다른 사람을 죽이거나 파괴하라는 명령을 받더라도 그렇게 하지 않습니다.

토의를 위한 부분

여러분은 이전에 구원에 대해 어떻게 생각하셨습니까? 이번 과를 통해 여러분의 구원에 대한 이해가 어떻게 바뀌었습니까?

여러분은 구원/건져짐deliverance에 대해 생각할 때, 지금 이 땅과 죽음 이후 중에 어느 편의 구원에 대해 더 많이 생각하십니까?

그렇다면, 지금 이 땅에서의 구원과 죽음 이후의 구원은의 차이는 무엇입니까?

3장. 성령님에 대한 믿음

성령님을 믿는 것은 중요합니까?
만약 그렇다면 이유는 무엇입니까?

하나님은 성령님을 통해서 우리에게 개인적이고 인격적인 존재가 됩니다. 최근의 문화는 경험을 강조합니다. 그것은 주로 우리가 느끼는 하나님의 현존과 변화시키는 능력을 담당하시는 성령님의 사역을 통해서 나타납니다.

이 번 과에서는 우리는 인격적인 존재로서 성령님을 알아가고 어떻게 성령님을 영접하는지 그리고 어떻게 성령님에 의해 우리가 변화되는지 설명할 것입니다.

이와 같이, 성령께서도 우리의 약함을 도와주십니다. 우리는 어떻게 기도해야 할지도 알지 못하지만, 성령께서 친히 이루 다 말할 수 없는 탄식으로, 우리를 대신하여 간구하여 주십니다. 사람의 마음을 꿰뚫어 보시는 하나님께서는, 성령의 생각이 어떠한 지를 아십니다. 성령께서, 하나님의 뜻을 따라, 성도를 대신하여 간구하시기 때문입니다. 로마서 8장 26-27절

성령님은 누구입니까?

1. 성령님은 인격적인 분입니다.

성령님은 "물체" 또는 바람과 같은 비인격적인 힘이 아닙니다. 성서에 따르면 성령님은 마음, 정서, 그리고 의지를 가집니다. 이것은 우리가 성령님과 관계할 수 있도록 만들어 줍니다.

우리는 다음과 같은 것들을 알 수 있습니다.

1 성령님은 말씀합니다.

"귀가 있는 사람은, 성령이 교회들에 하시는 말씀을 들어라." 요한계시록 2장 7절 앞부분

2 성령님은 우리가 약할 때 도와줍니다.

"이와 같이, 성령께서도 우리의 약함을 도와주십니다." 로마서 8장 26절 앞부분

3 성령님은 우리를 위해 기도합니다.

"…우리는 어떻게 기도해야 할지도 알지 못하지만, 성령께서 친히 이루 다 말할 수 없는 탄식으로, 우리를 대신하여 간구하여 주십니다." 로마서 8장 26절 뒷부분

4 성령님은 가르치고, 안내하고 그리고 우리를 이끌어줍니다.

"그러나 보혜사, 곧 아버지께서 내 이름으로 보내실 성령께서, 너희에게 모든 것을 가르쳐 주실 것이며, 또 내가 너희에게 말한 모든 것을 생각나게 하실 것이다." 요한복음 14장 26절

5 성령님은 우리들을 하나님이 하시는 일로 초대합니다.

"…너희는 나를 위해서 바나바와 사울을 따로 세워라. 내가 그들에게 맡기려 하는 일이 있다." 사도행전 12장 2절 뒷부분

6 성령님은 신자들을 격려합니다.

"그러는 동안에 … 주님을 두려워하는 마음과 성령의 위로로 정진해서, 그 수가 점점 늘어갔다." 사도행전 9장 31절

2. 성령님은 하나님의 속성attribute과 본성nature을 가지고 있습니다.

성부 하나님, 성자 예수님, 그리고 성령 하나님은 각각 동등하고 영원히 유일한 진실한 하나님입니다. 이 삼위일체의 개념은 이해하기에 어렵습니다. 그러나 삼위일체는 하나님의 본성을 이해하는 데 있어 기본적인 것입니다. 삼위일체는 우리에게 하나님은 관계적relational이신 분임을 알려줍니다.

1 성령님은 영원합니다.

"땅이 혼돈하고 공허하며… 하나님의 영은 물 위에 움직이고 계셨다." 창세기 1장 2절

2 성령님은 모든 것을 아시는 전지全知하신 분입니다.

"…성령은 모든 것을 살피시니, 곧 하나님의 깊은 계획까지도 살피십니다." 고린도전서 2장 10절 뒷부분

3 성령님은 모든 것을 하실 수 있는 전능全能하신 분입니다.

"성령이 그대에게 임하시고, 더없이 높으신 분의 능력이 그대를 감싸 줄 것이다.… 하나님께는 불가능한 일이 없다." 누가복음 1장 35절 앞부분, 37절

4 성령님은 어디에나 계시는 편재遍在하시는 분입니다.

"내가 주님의 영을 피해서 어디로 가며, 주님의 얼굴을 피해서 어디로 도망치겠습니까? 내가 하늘로 올라가더라도 주님께서는 거기에 계시고, 스올에다 자리를 펴더라도 주님은 거기에도 계십니다." 시편 139편 7-8절

3. 성령님은 예수님의 영입니다.

예수님은 하나님의 영으로 가득 차 있었습니다. 이것이 예수님의 신성에 대

한 표징sign이자 증거testimony였습니다. 누가복음에는 예수님의 사역과 관련된 성령님의 존재가 드러나 있습니다.

1 그리스도가 오심에 대해 마리아에게 알려주는 곳에서

"성령이 그대에게 임하시고, 더없이 높으신 분의 능력이 그대를 감싸 줄 것이다. 그러므로 태어날 아기는 거룩한 분이요, 하나님의 아들이라고 불릴 것이다."누가복음 1장 35절

2 예수님이 침례받을 때

3 예수님이 시험받을 때

4 예수님이 기적을 행할 때

5 예수님이 십자가에 달렸을 때

6 예수님이 부활한 이후에

7 예수님이 승천할 때

하나님의 영이고 예수님의 영인 성령님은 서로 바꾸어 쓸 수 있는 개념입니다. 성령님에 대해 정확하게 이해하기 위해서 우리는 예수님에 대해서 잘 알아야 할 필요가 있습니다.

토의를 위한 부분

우리가 성령님을 이해하는 데 예수님의 삶을 이해하는 것이 어떻게 도움을 줍니까?

여러분은 어떻게 성령님을 영접할 수 있습니까?

"베드로가 대답하였다. '회개하십시오. 그리고 여러분 각 사람은 예수 그리스도의 이름으로 세례를 받고, 죄 용서를 받으십시오. 그리하면 성령을 선물로 받을 것입니다.'" 사도행전 2장 38절

여러분의 삶에 성령님을 영접하기 위해서…

1. 여러분은 진정으로 earnestly 성령 받기를 갈망해야 합니다.

"너희가 악할지라도 너희 자녀에게 좋은 것들을 줄 줄 알거든, 하물며 하늘에 계신 아버지께서야 구하는 사람에게 성령을 주시지 않겠느냐?" 누가복음 11장 13절

예수님을 여러분의 주인과 구원자로 받아들이는 것과 성령님을 받아들이는 것에는 많은 공통점이 있습니다. 사실상 예수님을 주인과 구원자로 받아들이는 것과 성령님을 받아들이는 것은 같은 경험이거나 과정입니다.

2. 여러분은 다음의 내용을 통해서 성령님을 영접할 수 있습니다.

1 완전하게 성령님에 대해 마음이 열려 있지 않다는 것을 인정함으로써

2 깨달은 모든 죄에 용서를 구함으로써

3 이해할 수 있는 만큼의 성령님에 대해 여러분이 할 수 있을 만큼의 권리를 포기함으로써

"이들은 모두 한 마음으로 기도에 힘썼다.… 그 때에 갑자기 하늘에서 세찬 바람이 부는 듯한 소리가 나더니, 그들이 앉아 있는 온 집안을 가득 채웠다.… 그들은 모두 성령으로 충만하게 되어서, 성령이 시키시는 대로, 각각 방언으로 말하기 시작하였다." 사도행전 1장 14절 앞부분, 2장 2절, 4절

3. 여러분이 권리를 더 많이 포기하면 할수록, 여러분은 성령님을 더 완전하게 받아들일 것입니다.

먼저 여러분은 용서를 구하고 자신의 권리를 예수님께 포기할 때 성령님을 영접할 수 있을 것입니다. 여러분은 여러분이 지은 죄에 대해 좀 더 깊고 완전하게 고백하고 좀 더 온전하게 권리를 포기 할 때 성령님을 영접할 수 있습니다.

에베소를 방문했을 때, 바울은 몇몇 신자들에게 그들이 신자가 되었을 때 성령님을 받아들였는지 아닌지 물었습니다. 에베소의 신자들은 신자가 되었지만 성령님을 영접하지는 않았습니다. 그들은 단지 죄사함을 받았을 뿐이었습니다. 사도행전 19장 1-4절

바울은 예수님의 이름으로 그들에게 침례식을 행하고, 그들 위에 손을 얹었습니다. 그러자 그들이 성령님을 영접했습니다. 사도행전 19장 5-6절

"그리고 바울이 그들에게 손을 얹으니, 성령이 그들에게 내리셨다." 사도행전 19장 6절

토의를 위한 부분

여러분의 삶 속에서 성령님이 일하시는 것을 경험했던 적은 언제입니까? 여러분은 어떻게 인격적으로 성령님을 여러분의 삶 속에 초청했습니까? 성령님은 여러분의 동료가 성령님을 영접하도록 어떻게 이끌어주십니까?

성령님을 통해 우리는 무엇이 변화될까요?

방언을 말하거나 기적을 행하는 것이 성령님이 충만한 최고의 증거가 아닙니다. 성령님이 충만한 최고의 증거는 여러분의 생각, 느낌, 행동들에 대한 변화입니다.

"여러분은 이 시대의 풍조를 본받지 말고, 마음을 새롭게 함으로 변화를 받아서, 하나님의 선하시고 기뻐하시고 완전하신 뜻이 무엇인지를 분별하도록 하십시오." 로마서 12장 2절

"그리고 말이든 행동이든 무엇을 하든지, 모든 것을 주 예수의 이름으로 하고, 그분에게서 힘을 얻어서, 하나님 아버지께 감사를 드리십시오." 골로새서 3장 17절

하나님이 우리를 하나님의 형상으로 창조하실 때, 하나님은 우리 각자에게 생각하고, 느끼고 행동하고 그리고 하나님의 영을 받아들일 수 있는 능력을 주셨습니다. 불행하게도 우리는 너무 자주 우리 자신에게서 하나님의 영을 단절하고, 생각하고 느끼고 행동하는 방법을 제멋대로 결정합니다. 우리가 예수님을 우리의 주인으로 받아들이지 않고 성령님을 영접하지 않는다면 우리는 생각하고, 느끼고, 행동하는 것을 우리 자신의 왕국이나 다른 누군가의 왕국을 세우는 것에 사용하게 될 것입니다.

만약 자기 자신이나 다른 누군가의 힘이 아닌 성령님의 권능과 함께 하심을 삶의 중심으로 삼는다면, 여러분의 생각, 감정, 행동들은 변화될 것입니다. 이런 내용은 다음의 표에서 좀 더 자세하게 알 수 있습니다.

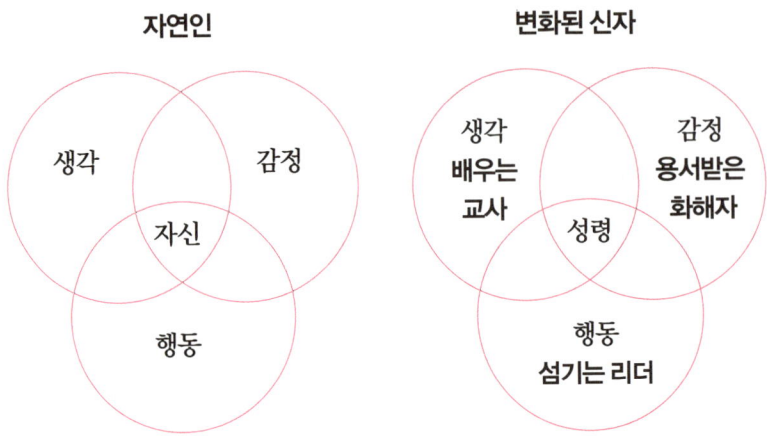

1. 변화된 사람으로서 여러분은 다르게 생각할 것입니다.

"…하나님의 선하시고 기뻐하시고 완전하신 뜻이 무엇인지를 분별하도록 하십시오." 로마서 12장 2절 뒷부분

예수님을 여러분의 주인으로 맞이할 때, 여러분의 생각은 변할 것입니다. 여러분은 하나님의 뜻에 대해서 더 많이 배우고 하나님의 뜻을 행하기를 원할 것입니다. 여러분은 예수님에 대해 배우는 학생이 되기 원할 것입니다. 예수님에 대해 배울 때, 여러분은 변화될 것이며 예수님의 본성nature과 예수님의 영에 따라서 가르칠 것입니다. 여러분은 마치 예수님의 배우는 자이면서 동시에 가르치는 자로서 예수님이 여러분에게 가르치신 것을 가르치기 시작할 것입니다.

2. 변화된 사람으로서 여러분은 다르게 느낄 것입니다.

"여러분 안에 이 마음을 품으십시오. 그것은 곧 그리스도 예수의 마음이기도 합니다." 빌립보서 2장 5절

하나님께서 우리를 사랑으로 용서해 주신 경험과 그 사랑을 경험하고 하나

님 안에서 한 가족이 된 신앙 공동체 안에서 따뜻하게 수용되는 것은 여러분이 이제까지 가졌던 여러 가지 감정들에 영향을 줄 것입니다. 여러분은 좀 더 쉽게 다른 사람을 향하고, 좀 더 공감하게 되며, 그리고 다른 사람의 필요들에 대해 민감하게 될 것입니다. 여러분 자신의 용서받음에 대한 반응으로, 여러분은 다른 사람들을 좀 더 용서하게 되고 사람들의 화해에 관심을 갖게 될 것입니다. 변화된 사람으로서, 여러분은 예수님을 위해 용서받은 화해자가 될 것입니다.

"누구든지 그리스도 안에 있으면, 그는 새로운 피조물입니다. 옛 것은 지나갔습니다. 보십시오, 새 것이 되었습니다. 이 모든 것은 하나님에게서 났습니다. 하나님께서는 그리스도를 내세우셔서, 우리를 자기와 화해하게 하시고, 또 우리에게 화해의 직분을 맡겨 주셨습니다." 고린도후서 5장 17-18절

3. 변화된 자로서, 여러분은 다르게 행동할 것입니다.

"… 너희가 아는 대로, 이방 민족들의 통치자들은 백성을 마구 내리누르고, 고관들은 백성에게 세도를 부린다. 그러나 너희끼리는 그렇게 해서는 안 된다. 너희 가운데서 위대하게 되고자 하는 사람은 누구든지 너희를 섬기는 사람이 되어야 하고, 너희 가운데서 으뜸이 되고자 하는 사람은 너희의 종이 되어야 한다. 인자는 섬김을 받으러 온 것이 아니라 섬기러 왔으며, 많은 사람을 위하여 자기 목숨을 몸값으로 치러 주려고 왔다." 마태복음 25절 후반부 - 28절

"성령이 너희에게 내리시면, 너희는 능력을 받고, 예루살렘과 온 유대와 사마리아에서, 그리고 마침내 땅 끝에까지 이르러 내 증인이 될 것이다." 사도행전 1장 8절

만약 여러분이 예수님을 여러분의 주인으로 받아들인다면, 여러분은 새로

운 관리체계 아래 있게 됩니다. 이 새로운 관리체계 아래에 자신의 권리를 포기하고 맡길 때, 여러분은 가치 체계와 옳고 그른 것에 대한 새로운 인식을 가지게 될 것입니다. 만약 여러분이 스스로 가진 힘이나 다른 사람이 가진 여러 가지 힘에 의해 조종당하던 삶으로부터 자유롭게 되면, 그리고 종으로 오셔서 리더가 되신 예수님의 인도함을 받게 된다면, 여러분은 다른 사람들을 먼저 생각하는 종이 될 것입니다. 여러분은 하나님께서 여러분에게 주신 그 선물은사들에 따라서 예수님에 대해 증거하고 다른 사람을 섬길 힘을 갖게 될 것입니다. 변화된 사람으로서, 여러분은 여러분의 에너지들을 하나님나라에 더 많이 사용하는 변화된 섬기는 리더가 될 것입니다.

토의를 위한 질문

여러분은 변화된 학생이면서 선생이 되는 것, 용서받은 화해자가 되는 것, 섬기는 리더가 되는 것에 대한 어떻게 생각하십니까?

4장. 하나님의 은혜를 믿는다는 것은?

여러분은 믿음을 통하여 은혜로 구원을 얻었습니다. 이것은 여러분에게서 난 것이 아니요, 하나님의 선물입니다. 행위에서 난 것이 아닙니다. 그러므로 아무도 자랑할 수 없습니다. 에베소서 2장 8-9절

여기에서 은혜는 "어떤 보상을 바라지 않은 호의"를 의미합니다. 하나님께서 여러분을 구하여 주시고, 하나님의 집에서 살도록 초대하신 것은 하나님께서 베푸시는 은혜입니다. 그것은 여러분의 노력으로 된 것이 아닙니다.

이 장은 여러분이 어떻게 하나님의 은혜를 받았는 지에 대한 이야기를 나누도록 도와줄 것입니다.

하나님의 은혜에는 어떤 것이 있습니까?

가장 기본적인 사실은 하나님은 여러분을 그의 백성으로 만드시는 모든 과정에서 주도적이십니다. 이 초대는 당신에게 연락한 다른 사람들을 통해서 당신에게 올 수 있습니다. 결국, 그것은 예수 그리스도를 통해 옵니다.

다음은 우리가 신의 은총을 이해하는 네 가지 방법입니다.

1. **예수님을 통해 우리는 하나님이 사랑이 많으시고 자비로우신 하나님이라는 것을 알게 되고 경험하게 됩니다.**

   우리는 하나님에 대한 두려움을 극복하고 가까이 다가가게 됩니다

   사람이 자기 친구를 위하여 자기 목숨을 내놓는 것보다 더 큰 사랑은 없다.
   요한복음 15장 13절

2. **예수님은 우리에게 진정한 인간이 어떻게 살 수 있는지에 대한 모범이 되셨습니다.**

   예수님은 우리가 상실감을 극복하도록 도우시고 우리에게 삶의 목적을 주십니다.

   바로 이것을 위하여 여러분은 부르심을 받았습니다. 그리스도께서는 여러분을 위하여 고난을 당하심으로써 여러분이 자기의 발자취를 따르게 하시려고 여러분에게 본을 남겨 놓으셨습니다. 베드로전서 2장 21절

3. **예수님을 통해, 우리는 하나님을 무시하고 거부한 것을 용서받았습니다.**

   우리는 우리의 죄악의 짐으로부터 자유로워집니다.

   그는 우리 죄를 자기의 몸에 몸소 지시고서, 나무에 달리셨습니다. 그것은, 우리가 죄에는 죽고 의에는 살게 하시려는 것이었습니다. 그가 매를

맞아 상함으로 여러분이 나음을 얻었습니다. 베드로전서 2장 24절

4. 예수님을 통해 우리는 죽음과 우리를 지배한 악한 힘에 대해 승리합니다.

우리는 예수님의 언제나 함께 하심과 예수님의 권세를 통해 악을 이겨낼 수 있습니다. 그리고 우리는 하나님과 함께 영원한 삶을 기대할 수 있습니다.

> 우리의 싸움은 인간을 적대자로 상대하는 것이 아니라, 통치자들과 권세자들과 이 어두운 세계의 지배자들과 하늘에 있는 악한 영들을 상대로 하는 것입니다. 에베소서 6장 12절
>
> 그러나 우리 주 예수 그리스도를 통하여 우리에게 승리를 주시는 하나님께 우리는 감사를 드립니다. 고린도전서 15장 57절

여기 사람들이 하나님의 은혜로 어떤 것으로부터 구원되었는지 그 특정한 상황들의 목록이 있습니다. 이것들 중에 여러분들의 이야기가 있을까요?

- **죄책감 또는 수치심**. 여러분은 "여러분 자신의 일을 하는 것"에서 비롯된 죄와 실패에 대해 용서를 받았습니다.

- **포기**. 여러분은 외로움, 무시당함, 불필요하게 여겨짐, 그리고 무관심하게 외면당함으로 절망한 상태에서 하나님의 사랑을 받아들였습니다.

- **두려움**. 여러분은 죽음 후에도 하나님과 관계를 맺고 살게 될 것이라는 믿음을 가지게 되었습니다. 절망스러운 운명은 사라졌습니다

- **무력함**. 여러분은 여러분을 파괴하고 있는 습관이나 중독을 극복할 수 있는 힘을 하나님으로부터 얻었습니다.

- **더럽혀진 느낌**. 여러분은 여러분을 더럽게, 악하게, 그리고 뒤틀려지게 생각하게 만드는 것 가운데 고통받다가 하나님 앞에서 새로운 자기 존중심을 받았습니다.

- **거부당함**. 여러분은 여러분의 생각이나 일한 것이 타당하지 않다고 거부당한 후에 하나님나라에서 꼭 필요한 존재로 받아들여졌습니다.
- **소망없음**. 여러분이 용기를 잃고, 살아갈 이유를 잃어버렸을 때, 여러분 마음 가운데 일렁이던 우울증, 질병, 또는 슬픔은 어떻게 치유되어졌는지도 모르게 온전하게 회복되었습니다.
- **혼란**. 여러분은 길을 잃고 혼란가운데 있을 때 예수님의 예를 통해 인도 받았습니다.

여러분의 이야기를 나누기

하나님의 은혜를 경험한 것은 독특합니다. 예수님을 믿는 신자로서, 여러분은 친구, 가족, 그리고 교회 회중들과 이야기를 나누도록 격려 받습니다. 우리는 다음과 같은 이유로 우리의 이야기를 공유합니다.

1. **이야기는 효과적입니다.**

    우리는 서로의 이야기를 나눔으로써 배우고 용기를 얻습니다.

    그 동네에서 많은 사마리아 사람이 예수를 믿게 되었다. 그것은 그 여자가, 자기가 한 일을 예수께서 다 알아맞히셨다고 증언하였기 때문이다. 요한복음 4장 39절

2. **다른 사람들에게 좋은 것에 대해 말하고 싶은 것은 당연합니다.**

    우리는 보고 들은 것을 말하지 않을 수 없습니다. 사도행전 4장 20절

3. **우리는 개인적인 이야기를 나누도록 위임받았습니다.**

할렐루야. 주님의 성소에서 하나님을 찬양하여라. 하늘 웅장한 창공에서 찬양하여라. 시편 150편 1절

그의 구원을 날마다 전하여라. 그의 영광을 만국에 알리고 그가 일으키신 기적을 만민에게 알려라. 시편 96편 2절~3절

여러분의 이야기를 잘 정리하는 방법

다음의 부분들은 여러분의 믿음의 경험을 이야기로 잘 정리하도록 도와줍니다. 각각의 부분으로부터 하나의 질문을 선택하고 여러분이 어떻게 하나님의 은혜를 경험했는지를 말해주는 4부로 된 이야기를 만들어 보세요.

1. **하나님의 사랑, 하나님의 용서, 하나님께 수용됨 또는 하나님의 인도함을 경험하기 전에 삶이 어떠했는지를 말해 주십시오.**
   - 여러분의 어린 시절과 10대 시절은 어땠습니까?
   - 여러분은 기독교 가정에서 성장했습니까?
   - 여러분은 삶에 대한 어떤 태도를 가졌습니까? 여러분의 인간관계는 어떠했습니까?
   - 당신에게 가장 중요한 것은 무엇이었습니까?
   - 당신의 인생에서 어떤 존재 또는 무엇이 마음의 왕좌에 있었습니까? 그것은 스포츠/피트니스, 직장에서의 성공, 결혼, 섹스, 돈 벌기, 마약, 술, 재미, 오락, 인기 또는 취미 중에 무엇이었습니까? 해당 사항이 없다면, 어떤 것이 당신의 마음 중심에 있었습니까?

2. **여러분에게 그리스도가 필요하다는 것을 깨닫게 한 것이 무엇인지 말해 주십시오.**
   - 여러분은 무엇 때문에 예수를 따르게 되었습니까?

- 여러분이 하나님께 관심 갖도록 한 것은 무엇입니까?
- 어떤 결핍, 어떤 상처, 어떤 문제들이 여러분의 삶을 불만족하게 만들었습니까?
- 여러분이 결단하도록 동기를 부여한 것은 무엇이었습니까? 혹은 결단하도록 동기를 부여한 사람은 누구입니까?

3. **여러분은 하나님의 은혜를 어떻게 받아들였는지 말해 주십시오.**
    - 그 사건은 어디에서 일어났습니까?
    - 어떤 기간에 걸쳐 일어났습니까?
    - 여러분이 기도했던 내용은 어떤 것이었습니까? 조금 구체적으로 나누어 주십시오.

4. **그리스도께서 당신의 삶에서 어떤 차이를 만드셨는지 말해 주십시오.**
    - 여러분은 예수님을 통해 어떤 상처, 나쁜 습성, 컴플렉스로터 벗어나게 되었습니까?
    - 여러분의 생각, 감정, 행동이 어떻게 바뀌었습니까?
    - 여러분이 경험하거나 느낀 유익은 무엇입니까?
    - 이런 변화로 인해 어떤 문제가 발생했습니까?

이야기를 다듬는 방법

1. **여러분의 삶에서 다른 사람들이 공감할 수 있는 경험을 하나 선정하십시오.**

    여러분에게는 나눌 이야기가 한 가지 이상 있을 것입니다. 다양한 상황에 따라 다양한 이야기들이 있을 것입니다! 여러분의 삶에서 여러분의 이야기를 듣는 그룹원들의 상황에 가장 잘 맞는 이야기를 고르십시오.

    여러분은 어쩌면 하나님께서 여러분이 학대, 사고, 중독, 낙태, 파산, 깨진

꿈, 섭식 장애, 슬픔, 우울증, 질병, 차별, 외로움, 이혼과 같은 큰 위기를 극복하는데 어떻게 도움을 주었는지 말할 수도 있습니다. 여러분의 이야기는 당신이 하나님의 은혜를 어떻게 경험했는지에 대한 기쁜 소식을 담고 있을 것입니다.

2. 이야기를 쓰고, 다시 쓰고, 연습하십시오.

먼저 맑은 영을 달라고 한 뒤 적합한 언어들을 사용할 수 있게 해 달라고 기도하십시오. 이야기를 큰 소리로 읽고 그것을 편집해서 대화로 만들어보십시오. 친구에게 그것을 읽고 고칠 부분이 있는지 조언을 구하십시오. 이야기가 자연스럽게 느껴질 때까지 연습하십시오. 다음은 몇 가지 중요한 내용들입니다.

- 당신에게 일어났던 것에 대해 적극적인 자세로 대하십시오.
- 계속되었던 어려움에 대해 솔직해지십시오. 여러분의 삶은 완벽하지 않습니다.
- 조금은 차분한 어조로 그러나, 너무 무겁지 않고 편한 느낌으로 나누십시오.
- "당신"이나 "그들"과 같은 2,3인칭 언어가 아니라 "나", "내게" 그리고 "나의"처럼 1인칭 언어를 사용하십시오.
- 유머를 사용하십시오. 유머는 긴장을 줄이고 사람을 편안하게 합니다.
- 웃으십시오.

3. 여러분의 이야기를 요점만 간단히 정리하십시오.

글을 쓸 때, 과도하게 불필요한 디테일은 피하십시오. 여러분의 이야기를 3분 이내로 유지하려고 노력하십시오. 짧고 간단하게 말하십시오. 여러분이 구체적으로 말할수록, 이야기는 더 역동적이 될 것입니다.

- 그리스도가 만든 차이점에 가장 많은 시간을 할애하십시오.

- 여러분의 삶의 변화들에 대한 구체적인 예를 드십시오.
- 여러분의 삶을 변화시킨 성령님을 믿으십시오.

토의를 위한 부분 1

여러분의 개인적인 이야기를 나누는 것에 대해 질문이나 의견이 있습니까?

여러분의 이야기는 어떤 것입니까?

그룹과 이야기를 나누어보십시오

여러분은 예수님를 따르겠다고 약속할 준비가 되었습니까?

··· 내가 네 앞에 문을 하나 열어 두었는데, 아무도 그것을 닫을 수 없다.···
보아라, 내가 문 밖에 서서, 문을 두드리고 있다. 누구든지 내 음성을 듣고
문을 열면, 나는 그에게로 들어가서 그와 함께 먹고, 그는 나와 함께 먹을
것이다. 요한계시록 3장 8절, 20절

토의를 위한 부분 2

기독교인이 되는 것이 무엇을 의미하는 지에 대해 질문이나 하고 싶은 말이 있다면 무엇입니까?

성령님에게 당신의 삶을 더 완전하게 개방한다는 것은 무슨 의미입니까?

지금 여러분은 예수 그리스도와 개인적인 헌신을 결단하도록 초대받았습니다.

예수님께 드리는 나의 서약 6

이제 여러분은 하나님과 개인적인 관계를 맺도록 초대되었습니다.

1. 사랑의 하나님은 여러분과 나를 하나님의 형상을 따라서 창조의 선한 부분으로 만드셨습니다. 하나님은 우리가 우리의 창조자, 우리의 세계, 그리고 서로 함께 평화롭게 살기를 원합니다.

2. 우리가 하나님과 떨어져 살려고 할 때 죄는 창조의 조화를 깨뜨립니다. 고통, 탐욕, 폭력, 그리고 단절된 관계는 죄의 결과입니다.

3. 예수님은 십자가에서 돌아가셨습니다. 왜냐하면 예수님은 우리의 세계를 분열시키는 죄의 힘에 맞섰기 때문입니다. 예수님께서는 병든 사람들을 고쳐 주시고, 원수를 용서하시고, 하나님 나라의 기쁨을 누리며 사셨습니다.

4. 여러분은 예수님을 죽음에서 이끌어 낸 능력으로 새로운 시작할 수 있습니다. 하나님은 우리가 죄를 고백할 때 우리를 용서해 주시고, 하나님의 영은 평생동안 우리가 예수를 따라갈 수 있게 해주십니다.

기도

하나님, 저는 당신으로부터 멀어져서 저 스스로의 삶을 중심으로 사는 죄를 지었습니다. 당신의 사랑과는 별개로, 저는 세상에 혼란을 가져오는 탐욕, 욕망, 폭력의 힘을 제 안에 가득 채웠습니다.

저의 죄를 용서해 주십시오. 그리고 제가 새롭게 시작하도록 도와주십시오. 사탄을 물리치고 하나님나라를 실제가 되게 하신 성자 예수님께 감사드립니다. 저에게 예수님처럼 살 힘을 주십시오. 원수를 사랑하고, 재산을 나누고, 다른 사람을 섬기고, 피조물을 보살피고, 하나님께서 하신 구원에 대한 좋은 소식을 말할 수 있도록 용기를 주십시오.

저는 그리스도의 몸으로 교회에 헌신하길 원합니다. 저는 예수님과 예수님의 용서를 다른 모든 충성심보다 중요하게 여깁니다.

예수 그리스도의 이름으로 기도합니다.

아멘.

서 명 _____

일 시 _____

후주

1) 『당신의 하나님은 너무 작다 Your God Is Too Small』, J. B. 필립스 (지은이), 홍병룡 (옮긴이) (바이블웨이) 저자는 이 책에서 13가지 비현실적인 가짜 하나님에 대한 개념을 소개한다

   1. 마음속의 경찰 (RESIDENT POLICEMAN)
   2. 어린 시절의 아버지 (PARENTAL HANGOVER)
   3. 근엄한 노인 (GRAND OLD MAN)
   4. 유순한 존재 (MEEK-AND-MILD)
   5. 완벽주의자 (ABSOLUTE PERFECTION)
   6. 편안한 도피처 (HEAVENLY BOSOM)
   7. 상자 속의 하나님 (GOD-IN-A-BOX)
   8. 최고 경영자 (MANAGING DIRECTOR)
   9. 작품 속의 하나님 (SECOND-HAND GOD)
   10. 끝없는 불평의 대상 (PERENNIAL GRIEVANCE)
   11. 창백한 갈릴리인 (PALE GALILEAN)
   12. 자기를 닮은 신 (PROJECTED IMAGE)
   13. 그 밖의 다양한 모습

2) Robert C. Solomon, *The Big Questions* (San Diego: Harcourt Brace Jovanovich, 1982), 47.

3) For more on the nature and qualities of God, see *Confession of Faith in a Mennonite Perspective* (Scottdale, Pa.: Herald Press, 1995). 『메노나이트신앙고백』(KAP, 2007)

4) Larry Day, *Self-Esteem: By God's Design* (Portland: Mt. Tabor Press, 2004). The author describes the worth in every individual as being inherent in that person's creation.

5) 성령의 사역과 속성을 알기 위해서는 *Confession of Faith in a Mennonite Perspective* (Scottdale, Pa.: Herald Press, 1995, 『메노나이트신앙고백』(KAP, 2007)를 보십시오

6) "Four Spiritual Truths of a Peacemaking God: A Way for Anabaptists to Share Their Faith," by J. Nelson Kraybill, *The Mennonite*, November 4, 2003, pages 9-11를 변형

2부
어떻게 공동체의 일원이 되는가
Belonging

1 장. 공동체에 소속하기
  교회란 무엇인가?
   −사람들의 공동체 로서의 교회
   −가족으로서의 교회
   −몸으로서의 교회
   −거꾸로 된 하나님 나라
   −세상의 문제에 대한 하나님의 대답

2장. 목적과 통일성을 갖고 소속하기
  어느 회중의 이야기
  목적 선언문
  신앙 선언문
  믿음에 관한 일반적인 주제
  교회와 교회의 실천들
  제자도
  하나님의 통치
  전략 선언문

3장. 공동의 비전을 가지고 소속하기
  아나뱁티스트 비전
  사명을 위한 우리의 비전
  제주신앙고백문
  헌신을 위한 우리의 비전
  훈련을 위한 우리의 비전

4장. 의미있는 멤버십을 통해 소속하기
  침례(세례)
  누가 침례(세례)를 받아야 합니까?
  언제 침례(세례)를 받아야 합니까?
  어떻게 침례(세례)를 받아야 합니까?
  주의 만찬
  주의 만찬은 무엇입니까?
  누가 참가합니까?
  멤버십
  교회에 대한 나의 헌신

2부 열기

1부에서 우리는 예수님이 우리 신앙의 중심이라는 것을 알았습니다. 이 단원에서 우리는 공동체가 우리 삶의 중심이라는 내용을 계속하여 살펴볼 것입니다. 함께 모여 서로 소통하고 있는 공동체 안에서 우리는 하나님의 사랑, 예수님의 인도하심, 성령님의 임재를 가장 충만하게 경험합니다.

이 네 개의 장에서 하나님의 공동체, 즉 교회의 일원이 되는 것이 무엇을 의미하는지 알아봅니다. 우리는 교회가 가족과 같다는 것을 알게 될 것입니다. 우리 모두는 하나님의 가족이 되도록 지음 받았으며 그것이 바로 서로에게 가족되기 입니다.

바울은 이렇게 말합니다:

> 그러므로 이제부터 여러분은 외국 사람이나 나그네가 아니요, 성도들과 함께 시민이며 하나님의 가족입니다. 에베소서 2:19

이 단원의 소재는 이 교재를 만든 사람들 Writing Team 의 교회 생활과 경험의 일부에 바탕을 두고 있습니다. 여러분은 여러분이 속한 교회의 상황, 비전, 그리고 지침을 반영하기 위해 이 단원을 각색하고 때때로 다시 써야 할 필요를 느낄 것입니다.

이 단원은 네 장으로 이루어져 있습니다:

1장은 여러분이 교회가 사람들의 공동체, 가족, 몸, 거꾸로 된 하나님 나라, 그리고 세상의 희망이라는 것을 이해하도록 도와줄 것입니다.

2장은 교회의 목적, 교회가 믿는 것과 교회 전략, 회중이 가지는 선언에 대해 살펴봅니다.

3장은 아나뱁티스트 유산과 관련된 비전과 세상을 위해 하나님이 주신 사명과 헌신과 훈련에 관해 나누고자 합니다.

4장은 침례와 주의 만찬을 포함하여 의미 있는 회원 자격과 관련된 실제적인 문제들을 다룹니다.

그렇게 해야 할 의무는 없지만, 이 장의 공부가 끝날 때쯤 여러분은 교회 가족 구성원의 자격을 신청할 기회가 주어질 것입니다. 우리는 여러분이 신자들의 교회와 가족으로 강한 소속감을 가지길 바랍니다.

1장. 공동체에 소속하기

타인과 관계를 가지려는 본성이 있는 우리에게는 어딘가에 소속하려는 강한 사회적 욕구가 있습니다. 관계는 우리의 삶에 의미를 줍니다. 우리는 교회에 많은 관심을 가지고 있습니다. 그 안에서 우리는 강한 소속감을 경험하고 하나님과 서로에 대한 많은 의미 있는 관계를 가지고 있습니다! 사람들이 모인 공동체로서, 가족으로서, 그리스도의 몸으로서, 거꾸로 된 하나님 나라, 그리고 희망의 공동체로 교회를 알아봅시다.

교회란 무엇인가?

1. 사람들이 모인 공동체

교회는 건물이나 사업이나 조직이나 주말공연이 아닙니다. 교회는 건물과 조직도 필요하지만, 교회는 예수님을 자신들의 주와 구주로 받아들인 사람들, 즉 그리스도를 중심으로 하는 사람들의 공동체입니다.

> 여러분이 전에는 하나님의 백성이 아니었으나, 지금은 하나님의 백성이요, 전에는 자비를 입지 못한 사람이었으나, 지금은 자비를 입은 사람입니다. 베드로전서2:10

교회 회원은 어떤 특별한 단체, 계층 또는 특정한 국가의 사람들로만 제한되지 않습니다. 교회는 젊은이들과 어르신들, 부자와 가난한 사람들, 새 신자들과 교회를 오래 다닌 성도로 다양하게 구성되어 있습니다. 만약 여러분이 예수님을 사랑한다면, 여러분은 이 그리스도 중심의 새로운 사람들이 모인 공동체원으로서 자격이 생긴 것입니다.

> 유대 사람도 그리스 사람도 없으며, 종도 자유인도 없으며, 남자와 여자가 없습니다. 여러분 모두가 그리스도 예수 안에서 하나이기 때문입니다. _{갈라디아서 3:28}

2. 가족으로서의 교회

> … 여러분은 모두 한 마음을 품으며, 서로 동정하며, 서로 사랑하며, 자비로우며, 겸손하십시오. _{베드로전서 3:8}

교회 안에서 우리는 가족 안에 자매 형제처럼 서로 사랑을 추구합니다. 가족들 사이에 있을 수 있는 일처럼 우리는 자유롭게 조언을 주고받을 수 있습니다. 나이가 많은 사람들이나 또는 더 오래 믿은 사람들은 영적인 아버지나 어머니로 혹은 또 다른 영적인 관계로 이해됩니다. 우리는 그리스도께 헌신하는 만큼 서로에게 헌신해야 합니다.

> 하늘에 계신 내 아버지의 뜻을 따라 사는 사람이 곧 내 형제요 자매요 어머니이다. _{마태복음 12:50}

> 나이가 많은 이를 나무라지 말고, 아버지를 대하듯이 권면하십시오. 젊은 남자는 형제를 대하듯이 권면하십시오. 나이가 많은 여자는 어머니를 대하듯이 권면하고, 젊은 여자는 자매를 대하듯이, 오로지 순결한 마음으로 권면하십시오. _{디모데전서 5:1-2}

3. 몸으로서의 교회

> 여러분은 그리스도의 몸이요, 따로 따로는 지체들입니다. _{고린도전서 12:27}

예수님이 이 땅에 계실 때에, 예수님은 한 번에 한 장소에 계실 수밖에 없는 한계가 있으셨습니다. 예수님이 다시 하늘로 오르신 후에, 예수님의 제자들은 하나님의 영으로 가득 차서, 예수님의 새로운 몸이 되었습니다. 예수님은 이제 두 세 사람이 그의 이름으로 모이는 곳에 어디에나 계십니다. 성령으로 충만해진 사람들은 예수님이 하셨던 일을 계속하였습니다. 가르치며, 치유하고, 정의를 위해 일하며, 용서를 베풀었습니다. 오늘날 세계에는 개인적으로 그리고 함께 함으로 2억 개가 넘는 그리스도의 몸이 꾸준히 예수님의 사역을 행하고 있습니다. 여러분의 교회는 그 몸의 일부입니다.

전 세계의 수백만 교회들은 예수님의 일을 계속 이어가면서 개별적으로 그리고 함께, 그리스도의 몸이 됩니다. 여러분의 교회 회원들도 그 몸의 일부분입니다.

4. 거꾸로 된 하나님 나라[1]

교회는 이 세상의 나라들과는 다릅니다. 교회의 가치와 패턴은 종종 세상의 가치와 반대입니다. 바로 그것이 예수님의 가치입니다.

예를 들어, 이 세상의 나라는 정치적 경계를 가지며 종종 다른 사람 위에 군림하는 인간 지도자를 갖고 있습니다. 하나님나라를 대표하는 교회에서는 예수님이 주님입니다. 예수님은 섬김의 마음으로 우리를 이끄십니다. 이 나라의 시민으로서, 우리는 예수님과 서로를 섬기는 자로 살아갑니다.

> 예수께서는 그들을 곁에 불러 놓고 말씀하셨다. "너희가 아는 대로, 이방 민족들의 통치자들은 백성을 마구 내리누르고, 고관들은 백성에게 세도를 부린다. 그러나 너희끼리는 그렇게 해서는 안 된다. 너희 가운데서 위대하게 되고자 하는 사람은 누구든지 너희를 섬기는 사람이 되어야 하고, 너희 가운데서 으뜸이 되고자 하는 사람은 너희의 종이 되어야 한다. 인자는 섬김을 받으러 온 것이 아니라 섬기러 왔으며, 많은 사람을 위하여 자기 목숨을 몸값으로 치러 주려고 왔다." 마태복음 20:25-28

기독교인으로서, 우리는 그리스도 왕국의 시민이고, 이 땅에 있는 나라의 시민입니다. 우리들은 그리스도의 왕국, 평화의 나라의 소속된 사람들입니다. 우리는 바로 이 '거꾸로 된 하나님 나라'의 일원으로 우리의 공동체와 이 땅의 나라들을 잘 섬길 수 있습니다.

> 예수께서 대답하셨다. "내 나라는 이 세상에 속한 것이 아니오. 나의 나라가 세상에 속한 것이라면, 나의 부하들이 싸워서, 나를 유대 사람들의 손에 넘어가지 않게 하였을 것이오. 그러나 사실로 내 나라는 이 세상에 속한 것이 아니오." 요한복음 18:36

5. 세상의 문제에 대한 하나님의 대답

> "나는 이 반석 위에다가 내 교회를 세우겠다. 죽음의 문들이 그것을 이기지 못할 것이다. 내가 너에게 하늘 나라의 열쇠를 주겠다. 네가 무엇이든지 땅에서 매면 하늘에서도 매일 것이요, 땅에서 풀면 하늘에서도 풀릴 것이다." 마태복음 16:18b-19

교회는 하나님의 사랑과 정의를 세상으로 흘려보내는 통로입니다. 그리스도의 몸으로서의 교회는 새로운 삶과 새로운 시작을 찾는 어려움 가운데 있는 사람들을 돕기 위한 가장 좋은 통로입니다. 몸이 아프거나 혼란스러워 하거나, 죄책감에 괴로워하거나 가난으로 고통 받는 사람을 위해 당신이 도울 수 있는 가장 좋은 방법은 그 사람에게 예수님을 주인으로 모시고 하나님의 가족이 되도록 초대하는 일입니다. 교회의 회원들이 지식과 물질과 자비로운 마음을 그 사람과 나눌 때, 그 어려움에 처한 사람은 정의와 새로운 삶을 누릴 수 있게 됩니다.

> 믿는 사람은 모두 함께 지내며, 모든 것을 공동으로 소유하였다. 그들은 재산과 소유물을 팔아서, 모든 사람에게 필요한 대로 나누어주었다. 사도행

전2:44-45

나는 거짓이 없으신 하나님께서 영원 전부터 약속해 두신 영생에 대한 소망을 품고 있습니다. 디도서1:2

여러분의 공동체나 세계에서 외로운 사람, 공허한 사람, 죄책감이나 수치나 두려움과 좌절에 빠진 사람이 많다는 것을 알 것입니다.

- 외로움 대신 교제
- 죄책감이나 수치심 대신 용서
- 공허함을 대신하는 삶의 의미
- 두려움과 절망 대신 평화와 안전

토의를 위한 부분

여러분은 어떻게 교회가 공동체로서, 가족으로서, 몸으로서, 거꾸로 된 하나님 나라로서 혹은 희망의 이유로 경험이 되었습니까? 1-2명의 사람과 그들이 경험한 교회 공동체의 이야기를 나누어 보십시오. 질문이나 느낌들을 나누어 봅시다.

2장. 목적과 통일성을 갖고 소속하기

이 장은 한 회중의 이야기로 시작되며 그들의 목적과 믿음과 전략에 관한 선언문으로 이어집니다. 이 자료들은 회중이 스스로를 어떻게 이해하고 사역을 조직했는지에 대한 사례임을 주지하십시오. 필요하다면 여러분의 회중과 상황에 맞게 다시 수정하십시오

어느 회중의 이야기

"모교회는 급속히 성장하고 있었습니다. 1991년, 회원들은 도시의 한 지역에 교회를 개척하기 원했고 그 후에 약간의 부동산을 구입했습니다. 동시에, 이웃 회중의 몇몇 성도들은 새로운 종류의 교회를 꿈꾸고 있었습니다. 35명의 핵심 인물들이 모임을 시작했습니다. 그들은 서로에게 "우리 새 교회를 시작할까요? 그렇디면 이떤 교회를 시작하기 원하나요?"라고 물었습니다.

6개월 후 이 그룹은 한 명의 목사와 9명의 장로들을 선택했습니다. 각 장로들은 작은 소그룹을 이끌었고, 그 그룹은 새로운 차원의 교제를 갈망하고 있는 사람들에게 가족 같았습니다. 이 모임에서, 예비 멤버들은 서로 믿음의 이야기와 교회에 대한 소망을 공유했습니다. 1995년 10월 15일 65명의 사람들이 멤버로 헌신했고 새로운 교회 가족이 태어났습니다.

2000년, 240명의 성도들로 교회가 성장했을 때, 그들은 현재의 예배당을 짓고 캄보디아로 첫 선교사를 보냈습니다. 또 몇몇 사람들은 메노나이트 중앙위원회MCC에서 봉사하며 시간을 보냈습니다. 2010년, 성도들은 이

민자들을 위한 목회를 시작했고, 현재 그 이민자들은 스스로 활기 넘치는 교회로 성장했습니다."

다양한 그룹의 사람들

사회적 배경, 이전의 신앙, 경제적 지위에 관계없이, 위 교회는 다양한 그룹의 사람들을 환영하였습니다. 교회 구성원들은 "모든 사람들을 위한 교회"가 되기를 원하고 있습니다. 다양성 속에서 조화를 유지하기 위해, 회중은 멤버들에게 지지와 확인을 위한 세 가지 분명한 선언문을 작성했습니다. 만약 이 세 가지 선언문에 어려움을 느낀다면, 교회 구성원들은 아마도 이 교회가 아닌 다른 교회에서 더 행복할 것입니다.

세 가지 선언문은 다음과 같습니다.
- 우리의 목적–우리는 왜 존재하는가
- 우리의 믿음–우리는 무엇을 믿는가
- 우리의 전략–우리는 어떻게 목회할 것인가

형제자매 여러분, 나는 우리 주 예수 그리스도의 이름으로 여러분에게 권면합니다. 여러분은 모두 같은 말을 하며, 여러분 가운데 분열이 없도록 하며, 같은 마음과 같은 생각으로 뭉치십시오. 고린도전서 1:10

목적 선언문

하나님은 세상 창조 전에 그리스도 안에서 우리를 택하시고
사랑해 주셔서, 하나님 앞에서 거룩하고 흠이 없는 사람이 되게 하셨습니다

에베소서 1:4

1. **우리는 모든 교회가 무언가에 의해 동기 부여를 받는다는 것을 알고 있습니다.**[2]

    비록 그것이 무엇인지 말해지지 않고, 알려지지 않았을지라도, 교회의 모든 측면은 기본 원칙에 의해 영향을 받습니다.

    - **일부 교회는 전통에 의해 동기부여 됩니다.**

    전통에 바탕을 둔 교회에서 가장 좋아하는 표현은 "우리는 항상 이런 식으로 해왔다."입니다.

    - **일부 교회는 사람personality에 의해 동기가 부여됩니다.**

    이 교회에서 가장 중요한 질문은 아마도 "지도자가 원하는 것이 무엇인가?"일 것입니다.

    - **일부 교회는 재정에 의해 동기 부여됩니다.**

    여기 모든 사람들의 마음에 있는 질문은 "얼마나 들까요?"입니다.

    - **일부 교회는 프로그램에 의해 동기 부여가 됩니다.**

    회원들은 현재의 프로그램을 유지하거나 새로운 프로그램을 도입하는 데 힘을 쏟습니다. 교회는 자주 프로그램에 적합한 사람을 충원하는 일에 몰두합니다.

    - **일부 교회는 건물에 의해 동기 부여됩니다.**

윈스턴 처칠은 "우리는 건물을 만들고 그 다음에 건물이 우리를 만들어갑니다."라고 말했습니다.

- **일부 교회는 새로운 신자들에 의해 동기 부여를 받습니다.**
  이러한 교회는 전체 회중의 필요를 간과하면서 비신자들이나 새로운 신자의 필요가 교회를 움직이는 원동력이 되게 합니다.

2. **이러한 동기들과는 대조적으로, 우리 교회는 목적에 의한 동기부여를 하려고 합니다.**

우리의 목적 선언문은 우리가 무엇을 하고 무엇을 하지 않을 것인지를 결정하도록 우리를 인도합니다. 우리의 목표는 하나님에게 우리의 목적을 성취할 수 있도록 도움을 구하는 것이 아니라, 하나님께서 우리 회중을 향한 부르심과 소명을 이행하는 것입니다.

> 바로 이것을 위하여 여러분은 부르심을 받았습니다. 그리스도께서는 여러분을 위하여 고난을 당하심으로써 여러분이 자기의 발자취를 따르게 하시려고 여러분에게 본을 남겨 놓으셨습니다. 베드로전서 2:21

결론적으로, 우리의 목적은 예수님이 시작하신 일을 계속하는 것입니다. [여러분의 교회는 다른 식으로 예를 들어 "더 많은 제자, 더 나은 제자" 혹은 "하나님께 영광"과 같은 목적으로 표현될 수 있습니다.]

완전한 문장으로 말한다면 우리의 목적 선언문은 다음과 같습니다:

우리 교회는 예배와 사역과 선교와 교제와 제자도를 통하여 예수님께서 시작하신 일을 계속하기 위해 존재합니다. 이 한 문장의 선언문은 5가지 하위 목적으로 나누어 질 수 있습니다.

3. 우리의 5가지 하위 목적은 대계명 Great Commandment과 지상명령 Great Commission에 기초를 두고 있습니다.

대계명은 다음과 같습니다.

> 예수께서 그에게 말씀하셨다. "'네 마음을 다하고, 네 목숨을 다 하고, 네 뜻을 다하여, 주 너의 하나님을 사랑하여라' 하였으니, 이것이 가장 중요하고 으뜸가는 계명이다. 둘째 계명도 이것과 같은데, '네 이웃을 네 몸과 같이 사랑하여라' 한 것이다. 이 두 계명에 온 율법과 예언서의 본 뜻이 달려 있다." 마태복음 22:37-40

1. "너의 온 마음으로 하나님을 사랑하라" 이것이 예배입니다. 우리는 예배하기 위해 존재합니다.

2. "네 이웃을 네 몸처럼 사랑하라" 이것이 목회입니다. 우리는 하나님의 일을 하기 위해 존재합니다.

지상명령 Great Commission은 다음과 같습니다.

> 너희는 가서, 모든 민족을 제자로 삼아서, 아버지와 아들과 성령의 이름으로 세례를 주고, 내가 너희에게 명령한 모든 것을 그들에게 가르쳐 지키게 하여라. 보아라, 내가 세상 끝 날까지 항상 너희와 함께 있을 것이다. 마태복음 28:19-20

3. "제자를 삼으라" 이것이 사명입니다. 우리는 전도하며 섬기기 위해 존재합니다.

4. "침례세례를 주라" 물로 하는 침례세례를 통해서 신자들은 교제 속으로 받아들여집니다. 우리는 교제하기 위해 존재합니다.

5. "모든 것을 가르치라" 이것이 제자도입니다. 우리는 그리스도의 분량까지 성

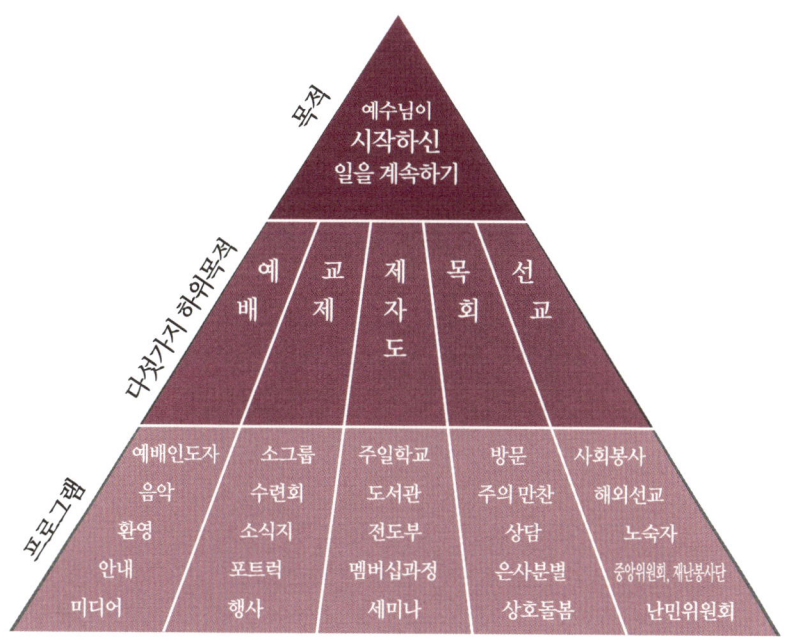

장하기 위하여 제자로 부름 받았고 서로서로 양육해야 합니다.

4. 우리는 삼각형 모양으로 우리의 목적을 표현할 수 있습니다.

우리의 하위 목적과 활동은 우리의 주된 목적에서 흘러나와, 예수가 시작하신 일을 계속하게 합니다. 이것은 우리의 작업에 전반적으로 초점을 맞추어 줍니다. [이 다이어그램의 단어를 다른 것으로 대체하여 여러분의 회중의 목적과 활동들을 반영할 수 있도록 할 수 있습니다.]

토의를 위한 부분

여러분 교회의 목적은 무엇입니까? 여러분의 선언문에는 무엇이 명시되어 있습니까? 어떤 수정이나 추가 작업을 수행하시겠습니까?

신앙 선언문

> 그리스도의 몸도 하나요, 성령도 하나입니다.… 주님도 한 분이시요,
> 믿음도 하나요, 세례도 하나요, 하나님도 한 분이십니다.
> 하나님은 모든 것의 아버지시오. 에베소서 4:4-6

우리 회중은 『메노나이트 신앙고백문』을 신앙선언문으로 채택해 왔습니다. 이것은 믿음에 관한 공통의 주제를 포함하여 4가지로 구성됩니다. 교회, 교회의 실천Practice, 제자도, 그리고 하나님의 통치입니다.

믿음에 관한 일반적인 주제 3

1. 하나님

우리는 하나님께서 살아계시고 믿음으로 가까이 나아가는 모든 사람들을 기뻐하신다는 사실을 믿습니다. 우리는 거룩하고 사랑이신 하나님, 아버지이시고 아들이신 그리고 성령이신 하나님을 영원토록 예배합니다. 우리는 하나님께서 보이는 모든 것뿐 아니라 보이지 않는 모든 것들을 창조하셨으며 예수 그리스도를 통해 사람들에게 구원과 새 삶을 주셨고, 계속해서 세상 끝 날까지 교회와 모든 것들을 지켜 나가심을 믿습니다.

2. 예수 그리스도

우리는 하나님의 말씀이신 몸으로 오신 예수 그리스도를 믿습니다. 예수 그리스도는 자기 자신을 낮추시고 십자가에서의 죽음에 복종함으로써 우리를 죄의 지배로부터 인도하시고 하나님과 화해를 이룬 세상의 구세주이십니다. 예수 그리스도는 죽은 자 가운데서 부활하심으로써 능력 있는 하나님의 아들로 선언되셨습니다. 예수 그리스도는 교회의 머리이시고 영광되신 죽임 당한

어린 양, 영광중에 하나님과 함께 통치하기 위해 다시 오실 주님이십니다.

3. 성령

우리는 성령을 믿습니다. 성령께서는 그리스도와 함께 하셨고, 교회에 권능을 부여하셨으며 예수 그리스도 안에 있는 우리 삶의 원천이십니다. 우리는 우리의 구원뿐 아니라 창조물의 구속까지도 믿고 확신하는 모든 사람들에게 부어진 영원하신 하나님의 성령을 믿습니다.

4. 성서 Scripture

우리는 성서의 모든 말씀이 구원의 가르침과 의의 훈련을 위해 하나님께서 성령을 통해 감동을 주셨기 때문에 기록된 것임을 믿습니다. 우리는 성서를 그리스도인의 신앙생활을 위해 온전히 믿을 수 있는 하나님의 말씀으로 받아들입니다. 우리가 교회 안에서 성령에 의해 인도될 때 우리는 예수 그리스도와 함께 성서를 이해하고 해석합니다.

5. 창조

우리는 하나님께서 하늘과 땅, 그 안에 있는 모든 만물을 창조하셨고, 지으신 모든 만물을 보존하고 새롭게 하심을 믿습니다. 모든 만물은 근원을 내부적으로는 찾을 수 없으며 궁극적으로는 모두가 창조주에게 속해 있습니다. 하나님은 선하시고 모든 필요를 채우는 분이시므로 세상을 선善하게 창조하셨습니다.

6. 소명

우리는 인간이 하나님의 형상을 따라 지음 받았다고 믿습니다. 하나님은 사람을 땅의 흙으로 빚으셨고 창조의 모든 작품 중에서 특별히 인간에게 존엄을 주셨습니다. 사람들은 하나님과의 교제를 위해서, 서로 더불어 평화롭게 살며 다른 창조물들을 보호하기 위해 지은 바 되었습니다.

7. 죄

우리는 아담과 이브를 시작으로 인간이 하나님께 불순종해 왔으며, 사탄에게 길을 내주었고, 죄를 선택해 왔다는 것을 고백합니다. 죄로 인해 모든 사람들이 창조주의 의도에서 벗어났으며, 자신들이 지은 바 된 하나님의 형상을 훼손시켰고, 세상의 질서를 혼란시켰으며 다른 사람을 사랑하는 것에 제한을 두어 왔습니다. 죄 때문에 인류는 악과 죽음의 노예가 되었습니다.

8. 구원

우리는 하나님께서 예수 그리스도의 삶과 죽음 그리고 부활을 통해 모든 사람을 죄에서 구원하시며 새로운 삶의 길을 제공하심을 믿습니다. 우리가 죄를 고백하고 예수 그리스도를 구주로 받아들일 때 우리는 하나님의 구원을 받습니다. 우리는 그리스도 안에서 하나님과 화해되었고 화해하는 하나님의 사람들의 공동체 안으로 인도되었습니다. 우리는 예수 그리스도를 죽은 자로부터 살리신 똑같은 능력으로, 현재의 삶에서 죄로부터 구원받아 그리스도를 따르고 다가올 날에 있어 완전한 구원을 알게 하시는 하나님에 대한 믿음을 갖습니다.

교회와 교회의 실천들

9. 교회

우리는 교회가 예수 그리스도에 대한 믿음을 통해 하나님의 구원을 받아들인 사람들의 모임이라고 믿습니다. 교회는 하나님이 통치하심을 선포하고 교회가 가지는 영광스러운 소망을 미리 맛보게 하기 위해서 세상으로 보내진 새로운 제자들의 공동체입니다. 그것은 성령에 의해 세워지고 유지되는 새로운 공동체입니다.

10. 선교

우리는 교회가 하나님나라를 선포하며 하나님 나라의 표시가 되기 위해 부름 받았음을 믿습니다. 그리스도께서는 교회로 하여금 그의 증인이 되고, 모든 족속으로 제자를 삼아 침례세례를 주고 그가 가르친 모든 것을 가르쳐 지키게 하라고 명하셨습니다.

11. 침례세례 Baptism

우리는 물로 받은 믿는 사람들의 침례가 죄로부터 깨끗하게 됨의 표시라고 믿습니다. 침례는 또한 신자들이 성령의 능력을 통해 예수 그리스도의 길을 걷기 위해 교회 앞에서 하나님과 맺은 언약이자 서약입니다. 믿는 사람은 성령과 물 그리고 피로 그리스도와 그의 몸에 합하여 침례를 받습니다.

12. 주의 만찬 Lord's Supper

우리는 주의 만찬이 예수께서 돌아가시기 전에 세우신 새로운 약속을 감사하며 기억하는 표시라고 믿습니다. 주의 만찬을 통해서 교회는 하나님 그리고 서로간의 약속을 새롭게 하고 예수 그리스도께서 다시 오실 때까지 그의 삶과 죽음에 참여합니다.

13. 발 씻김

우리는 제자들의 발을 씻는 과정에서 예수께서 하신 것처럼, 우리가 서로 사랑으로 섬기라고 부르신 것을 믿습니다. 그러므로 우리는 자주 우리의 맘과 영혼을 깨끗하게 씻습니다. 교만함과 세속적인 힘을 추구하려는 우리의 의지를 새롭게 합니다. 그리고, 겸손한 섬김과 희생적인 사랑으로 우리의 삶을 드리며 삽니다.

14. 훈련

우리는 하나님께서 우리를 변화시키는 은혜를 받아들이는 표시로 교회에서 훈련을 받습니다. 훈련은 그릇된 길로 가는 자매와 형제들을 죄로부터 해방시키고, 그들을 하나님과의 올바른 관계로 회복시키고 교회에서 친교를 맺기 위한 것입니다. 훈련의 연습은 세상에서 교회의 증인들인 우리가 진실하게 살도록 도와줍니다.

15. 교회의 일

우리는 교회가 할 일이 모든 신자들로 하여금 그들이 받은 은사를 갖고 성령 안에서 예수 그리스도의 사역, 즉 교회와 세상에서 지속적으로 섬김의 직책을 감당하는 것이라고 믿습니다. 우리는 또한 하나님께서 교회 안에서 특정 사람들을 지도하는 일과 직책으로 부르신다는 것을 믿습니다. 그러므로 직책을 수행하는 모든 사람들은 하나님과 믿음의 공동체에 대한 책임이 있습니다.

16. 교회의 구조

우리는 예수 그리스도의 교회는 많은 교회 회원들이 하나의 몸을 이루는 것이라고 믿습니다. 우리는 교회는 한 분 성령님을 통해서 신자들이 영적으로 함께 세워져 가고, 하나님께서 거하실 곳이라고 믿습니다.

제자도

17. 제자도

우리는 예수 그리스도께서 우리가 자기 십자가를 지고, 예수님을 따르도록 우리를 제자로 부르신 것을 믿습니다. 우리를 구원하신 하나님께서 주신 은혜의 선물을 통하여, 우리는 예수님의 영으로 가득 찬 예수님의 제자가 될 수 있습니다. 그리고 우리는 새로운 삶으로 나아가는 고난을 통해 예수님의 가르침과 예수님이 가셨던 길을 따라갑니다. 우리가 예수님의 길을 충실하게 따를 때, 우리는 그리스도께 순종하고 세상의 악으로부터 분리됩니다.

18. 그리스도인의 영성

우리는 예수님의 제자가 되기 위해 성령 안에 있는 삶이 무엇인지 알아야 한다고 믿습니다. 우리가 하나님과의 관계를 경험함으로써 예수 그리스도의 삶과 죽음 그리고 부활의 능력이 우리 안에서 그 모습을 갖추게 되고 우리는 그리스도의 형상 안에서 자라게 됩니다. 성령께서는 개별적 또는 공동체 예배 가운데 임재하시고 우리를 하나님의 지혜 속으로 더욱 깊이 인도하십니다.

19. 가족 관계

우리는 하나님께서 인간생활이 가정에서부터 출발되게 하셨으며 가정을 통해 복을 주기 원하신다는 것을 믿습니다. 하나님께서는 또한 모든 사람들이 하나님의 가족인 교회의 일부가 되는 것을 원하십니다. 독신이거나 이미 결혼한 교회의 구성원들이 서로 양육과 치유를 베풀고 받을 때 그리스도인의 가족 관계는 하나님이 의도하는 온전한 방향으로 자랄 수 있습니다. 우리는 결혼 안에서 순결함과 신실하게 사랑하도록 부름 받았습니다.

20. 맹세 Oaths

우리는 우리 자신이 진실을 말하고 단순히 '예' 또는 '아니오'라고 대답하며 맹세의 서약을 하지 않을 것을 다짐합니다.

21. 청지기로서의 그리스도인 Stewardship

우리는 모든 것이 하나님의 것이라고 믿습니다. 하나님은 우리에게 맡기신 모든 일에 충실한 청지기로 살고, 하나님께서 약속하신 쉼과 정의에 참여하도록 우리를 교회로 부르셨습니다.

22. 평화

우리는 평화가 하나님의 뜻이라고 믿습니다. 하나님께서는 세상을 평화롭게 창조하셨으며, 하나님의 평화는 우리의 평화이고, 온 세상의 평화이신 예수 그리스도를 통해 가장 완벽하게 드러났습니다. 우리는 폭력이나 전쟁이 우리의 상황을 변화시킨다고 해도 성령의 인도함으로 평화, 정의, 화해, 무저항을 실천하신 그리스도의 길을 따릅니다.

23. 정부

우리는 교회가 그리스도께 완전한 충성을 바치고, 하나님의 구원하신 사랑을 모든 민족에게 증거하기 위해 부름받은 하나님의 '거룩한 나라'인 것을 믿습니다.

하나님의 통치

24. 하나님의 통치

우리는 우리의 소망을, 승천하신 예수 그리스도께서 살아있는 자와 죽은 자를 심판하기 위해 영광 가운데 다시 오시는 그날에 있을 하나님의 통치와 그 성취 안에 둡니다. 그리스도께서는 이미 하나님의 통치 아래 살고 있는 그의 교회를 모을 것입니다. 우리는 하나님의 최후 승리, 우리가 투쟁하며 사는 삶의 종말, 죽은 사람들의 부활, 그리고 새로운 하늘과 땅을 기다립니다. 그곳에서 하나님의 백성은 그리스도와 함께 정의와 의, 그리고 평화로 다스릴 것입니다.

토의를 위한 부분

이 선언문들 중 전적으로 동의하는 것은 무엇입니까? 어떤 것에 동의하지 않거나 어려움을 느끼고 있습니까? 혹은 어느 것을 좀 더 명확하게 알 길 원하십니까?

전략 선언문

우리의 전략 선언문은 우리가 어떻게 이해하고
목회해야 하는지에 대한 설명입니다.

목회사역은 우리 교회가 제공해야 할 핵심 "결과물"입니다. 그것은 섬기거나, 세우거나 무엇인가를 일으키는 일을 포함합니다. 보살핌, 교육, 설교, 심방, 그리고 평화와 정의를 위해 일하는 것이 목회사역입니다. 만약 여러분이 우리 회중이 된다면, 여러분은 다섯 가지 방법으로 목회를 할 수 있고, 목회 대상이 되기도 합니다.

1. 목회자들은 우리가 할 일을 준비하게 하고 격려합니다.

바로 그분 그리스도이 어떤 사람은 사도로, 어떤 사람은 예언자로, 어떤 사람은 복음 전도자로, 또 어떤 사람은 목사와 교사로 삼으셨습니다. 그것은 성도들을 준비시켜서, 봉사의 일을 하게 하고, 그리스도의 몸을 세우게 하려고 하는 것입니다. 에베소서 4:11-12

목회를 하는 동안 우리 목회자들이 져야할 첫 번째 책임은 행정가로서 섬기는 것입니다. 행정은 목회 사역의 필수 부분입니다. 이것은 그들이 다른 사람들이 사역할 수 있도록 돕는 목회행정담당자라는 뜻입니다. 그들은 우리를 준비시키고 모범과 지도로 우리의 여러 목회 사역에 전반적인 방향을 제공합니다. 우리 목사들이 목회사역을 하고 방향을 제시하는 동안, 우리 구성원들은 목회사역을 행하는 주된 행동가들이 됩니다.

2. 교회 어른들은 우리 회중에게 전체적인 방향을 제시합니다.

잘 다스리는 장로들은 두 배로 존경을 받아야 합니다. 특히 말씀을 전파하는 일과 가르치는 일에 수고하는 장로들은 더욱 그러하여야 합니다. 디모데전

^{서 5:17}

우리의 장로들은 성령과 우리 교회 멤버들의 필요를 잘 듣기 위해 애씁니다. 성령의 지도 아래, 그들은 이러한 필요들을 고려하고, 그 다음에 우리의 목적을 가장 잘 달성하고, 회중을 잘 섬길 수 있도록 함께 결정합니다. 이 결정들이 항상 다수 의견을 따르는 것은 아닙니다.

3. 리더들은 공동체 안에서 회원들 각자가 해야할 구체적인 일들을 찾아내어 알려주고 그 일이 잘 될 수 있도록 해야합니다.

… 어떤 사람이 감독의 직분을 맡고 싶어하면, 그는 훌륭한 일을 바란다고 하겠습니다. ^{디모데전서 3:1}

각 리더들집사, 조력자, 책임자, 감독, 공동체 대표 등은 은사분별팀Gifts Discernment Team 과 함께 일할 회원들을 찾을 수 있습니다. 교회공동체 안에서 실무를 보는 사람들은 그들의 분야에서 가능한 한 많은 결정을 내릴 수 있도록 합니다.

4. 소그룹은 교회의 가장 핵심적인 구조입니다.

집집이 돌아가면서 빵을 떼며, 순전한 마음으로 기쁘게 음식을 먹고, 하나님을 찬양하였다. 그래서 그들은 모든 사람에게서 호감을 샀다. ^{사도행전 2:46b-47a}

우리 회중의 각 구성원은 소그룹의 일원이 되도록 격려를 받습니다. 이 소그룹의 리더는 회원들과 함께 서로에게 목회를 하는 동시에 리더로서의 역할도 합니다. 소그룹들은 그룹원들과 같은 다섯 가지 목적을 확인하고 그룹원들이 그러한 목적을 경험하고 실천할 수 있도록 도와야 합니다. 이를 위해, 그들은 교제, 성서연구, 나눔, 기도, 그리고 세상에서의 하나님의 사명에 대한 참여 등에 균형을 갖도록 장려됩니다.

소그룹에서는 개인적으로 다음과 같은 경험을 합니다:

- 소속감 A sense of belonging
- 자비 및 긍휼 Mercy and compassion
- 영적 성장 Spiritual growth
- 봉사를 위한 기회 Opportunity for service
- 즐거움과 교제 Fun and fellowship
- 은사 분별 Discernment of gifts
- 격려 및 지원 Encouragement and support
- 그룹원 상호간의 상담하기 Giving and receiving counsel
- 고백 및 용서 Confession and forgiveness
- 화해자 되기 Ministries of reconciliation

5. 회중의 구성원들은 교회와 세상에서 하나님이 주신 사명을 위한 각자에게 맞는 사역을 할 수 있도록 격려를 받습니다.

이것들은 회원들 각자에게 주신 은사와 하나님의 부르심에 따른 것입니다.

하나님께서 우리에게 주신 은혜를 따라, 우리는 저마다 다른 신령한 선물을 가지고 있습니다. 가령, 그것이 예언이면 믿음의 정도에 맞게 예언할 것이요, 섬기는 일이면 섬기는 일에 힘써야 합니다. 또 가르치는 사람이면 가르치는 일에, 권면하는 사람이면 권면하는 일에 힘쓸 것이요, 나누어 주는 사람은 순수한 마음으로, 지도하는 사람은 열성으로, 자선을 베푸는 사람은 기쁜 마음으로 해야 합니다. 로마서 12:6-8

토의를 위한 부분

여러분은 목사, 장로, 평신도 리더, 소그룹, 그리고 관련 회원들을 포함한 우리 회중의 다양한 목회사역에 어떻게 반응하고 있습니까? 여러분의 교회가 하는 사역을 생각할 때 어떤 변화나 추가제안을 하시겠습니까?

3장. 공동의 비전을 가지고 소속하기

비전을 갖는 것은 무엇이 될 수 있는지에 대한 마음의 그림이나 생각을 갖는다는 의미입니다. 비전은 사람들이 미래를 볼 수 있게 하고 미래를 향해 동기부여가 되도록 해줍니다. 리더들은 비전에 따라 사람을 모읍니다. 회원들은 비전을 따라 자원하고 봉사하고 나누는 경향이 있습니다.

이 장은 우리가 하나님이 원하시는 교회를 보고 또 그렇게 되는 것을 돕는 네 가지 다른 비전에 대해 설명합니다.

비전 1은 "아나뱁티스트 비전"의 요약입니다. 이 교회에 대한 비전은 대략 1525년에 생겨났고 계속해서 우리의 존재를 위한 핵심 가치를 제공하고 있습니다.

비전 2는 우리의 교단과 사명에 대한 비전을 설명합니다. 우리는 고통을 덜어주는 일에 함께 하고, 복음을 나눠주며, 세상에서의 사명에 참여할 수 있도록 서로 준비하게 합니다.

비전 3은 우리 사회의 사람들에게 다가가며 그들을 더 깊이 헌신하도록 단계적으로 초대하는 우리의 비전에 대한 설명입니다.

비전 4는 현재 여러분이 참여 중인 훈련 프로그램에 대한 설명입니다.

아나뱁티스트 비전

16세기에 성서를 연구하는 많은 학자들은 전통적인 국가교회의 지도자들이 권력을 잘못 사용하는 것에 대해 불편해 했습니다. 이 국가교회 지도자들은 돈을 받음으로 용서를 베풀었고 구원을 얻기 위한 노력을 강조했습니다. 마틴 루터, 울리히 쯔빙글리, 존 칼뱅을 포함한 일부 학자들은 이러한 관행에 항의했고, 그리하여 프로테스탄트로 알려지게 되었습니다. 그들은 위대한 개혁을 이끈 용감한 지도자였습니다. 원래, 그들은 국가교회보다는 자발적인 교회에 대한 비전을 가지고 있었습니다. 그들은 성서를 믿음과 실천을 위한 유일한 기초로 받아들였고 교회를 신자들의 공동체로서 확신하였습니다.

불행히도, 농민들의 반란과 다른 요인들 때문에, 이 개혁자들은 그들의 비전을 따를 수 없었습니다. 그들은 국가교회를 유지하고 예배처를 교회의 구조로, 유아 침례를 교회로 들어가는 입교식으로, 정부의 '검' 사용을 훈련의 도구로, 성서의 개인적 해석을 하나님의 뜻을 아는 1차적 방법으로 지속시켰습니다.

콘라드 그레벨, 조지 블라우록, 펠릭스 만쯔를 포함한 쯔빙글리의 몇몇 제자들은 콘스탄틴과 어거스틴의 방식으로 교회를 단순하게 개혁하는 일에 만족하지 않았습니다. 이보다 급진적인 개혁가들은 교회를 원래 신약성서의 방식과 형태로 복원하기를 원했습니다. 그들은 유아 침례보다는 신앙고백에 따라 성인침례를 행하고, 국가교회로부터 분리된 회중을 만들었습니다. 그들은 아나뱁티스트Anabaptist, 재침례자라는 별명을 얻었습니다.

예수님은 아나뱁티스트 신앙의 중심에 있습니다. 아나뱁티스트들은 예수님을 주님과 구세주로 받아들였고, 윤리적이며 그리스도 중심적인 관점으로 성서를 해석했습니다. 그리스도인이 된다는 것은 영적인 경험, 신조를 암송하거나 일회적인 용서를 경험을 하는 것 이상을 요구합니다. 그들은 회개와 성령충만과 산상수훈에 요약된 대로 일상의 삶에서 예수를 따르는 헌신을 믿었습니다. 그들은 "기독교는 제자도제자됨다"라고 말했습니다.

그리스도 중심의 공동체는 아나뱁티스들의 삶의 중심이었습니다. 하나님으로부터 받은 용서가 구원에 필요하다면 서로서로에게 받은 용서는 공동체에 필요했습니다. 아나뱁티스트의 이상은 그들의 성찬식에서 하나님과 진정한 사귐을 갖는 것이었고, 그들이 일상생활에서 예수 그리스도에게 헌신했던 것처럼 서로에게 헌신하는 것이었습니다.

화해는 그들 사역의 중심에 있었습니다. 초기 아나뱁티스트들은 전도를 통해 사람들이 하나님과 화해하는 데 적극적이었으며, 평화를 통해 사람들 서로를 화해시켰습니다. 그들은 구원을 변화시키는 것으로 이해했습니다. 그 이유는 폭력과 전쟁에 관여하는 것을 거부하는 사고방식, 태도, 행동으로 신자들이 바뀌었기 때문입니다.

아나뱁티스트 운동은 스위스, 남부독일, 그리고 네덜란드에서 급속도로 성장했습니다. 가톨릭 사제였던 메노 시몬스는 새로 생기는 많은 작은 교회들의 탁월한 교사였고, 조정자였습니다. 이런 교회의 회중들은 메니스트Mennists 그리고 후에는 메노나이트Mennonites라고 알려지게 되었습니다.

100년 이상 동안 아나뱁티스트들은 심하게 박해를 당했습니다. 아나뱁티스들은 그들의 어린 자녀들에게 세례를 주지 않았기 때문에 이단자로 낙인찍혔습니다. 교회에 대한 그들의 견해는 개신교와 가톨릭 지도자들 모두에게 위협이 되었습니다. 그 결과 4,000명 이상의 아나뱁티스트 지도자들이 화형당하거나, 익사하거나, 또는 다른 방법으로 처형되어 그들의 신앙 때문에 순교자가 되었습니다.

루퍼스 M. 존스 교수는 20세기 초에 아나뱁티스트 비전의 결과를 다음과

같이 요약했습니다:

> 가톨릭과 프로테스탄트를 가리지 않고 교회와 국가 권력자들이 아나뱁티스트 운동을 다룬 방식은 기독교 역사상 손꼽힐 정도로 비극적인 결과를 낳았습니다. 반대로 악명 높은 아나뱁티스트들^{번역자주: 당시 유아세례를 거부하고 침례를 다시 받는 사람들을 비난하고 조롱하는 차원에서 이 명칭을 사용했다}이 실천으로 옮긴 원칙은 진리를 좇는 사람들의 역사에서 한 획을 그을 만큼 기념비적이었습니다. 아나뱁티스트 운동은 앞선 운동들이 이룬 성과를 계승하는 동시에 이후 체제에 순응하지 않는 모든 분파의 영적 토양 역할을 했고, 무엇보다 근현대사에서 전혀 다른 형태의 기독교 사회가 등장하는 사건이었습니다. 근현대인들은 완전히 자유롭고 독립적인 종교 사회와 모든 개인이 교회와 국가의 성격을 형성해가는데 일조하는 이런 새로운 기독교 사회에 서서히 눈떠오고 있습니다.[4]

토의를 위한 부분

루퍼스 M. 존스의 진술에 대한 당신의 반응은 무엇입니까? 오늘날의 아나뱁티스트 운동을 어떻게 이해하십니까? 이 비전이 우리 회중의 삶에 표현되는 것을 어떻게 보십니까?

사명을 위한 우리의 비전

"그러므로 너희는 가서, 모든 민족을 제자로 삼아서, 아버지와 아들과 성령의 이름으로 세례를 주고, 내가 너희에게 명령한 모든 것을 그들에게 가르쳐 지키게 하여라. 보아라, 내가 세상 끝 날까지 항상 너희와 함께 있을 것이다."

마태복음 28:19-20

OO교회는 한국메노나이트교회연합Mennonite Church South Korea:MCSK에 소속되어 있습니다. 4개의 교회로 구성된 이 모임을 통하여 우리는:

- 각 교회의 필요와 연합회의 합의를 거쳐서 목회자를 안수합니다.
- 뉴스 및 관점을 공유하는 소셜미디어SNS를 운영합니다.
- 다음세대모임, 여성모임 등 각 교회의 필요에 따른 요청에 따라 활동을 돕습니다.
- 교회를 개척합니다.
- 매년 모든 회원이 참여하는 총회Conference를 개최합니다.
- 제주신앙고백에 맞는 교육 교재를 개발하고 역사를 기록합니다.
- 사회에서 일어나는 다양한 사건들을 함께 소통하고, 해석하고, 분별합니다.

OO교회는 한국메노나이트교회연합 소속이며 지역에 교회가 있으며 OO명의 회원을 가지고 있습니다. 우리는 여러 가지 면에서 우리의 연합회로부터 유익을 얻습니다. 연합회는:

- 교육 자료, 책 및 각종 문서를 출판합니다.
- 다음세대의 활동을 장려하고 협력하는 일을 합니다.
- 상부상조 자금과 계획된 자선사업을 포함한 상호 원조 및 청지기 사역을

제공합니다.
- 목회를 위해 목사 및 회중 지도자를 훈련 및 구비시키는 일을 하고, 평화, 제자도, 공동체의 신앙고백을 지키며 상호 교회간의 관계를 촉진시키는 일을 합니다.
- 공통의 신앙적 관점을 가진 교회 및 단체와 연대합니다.
- 교회개척, 정의와 평화 사업, 지원 사역에 관여하는 메노나이트 중앙위원회MCC를 후원합니다.

우리는 연합회MCSK를 통해 메노나이트세계협의회Mennonite World Conference의 회원이 됩니다. 메노나이트세계협의회에 소속된 메노나이트 기독교인들은 전 세계적으로 약 180만 명에 달합니다. 이 기독교인들은 다양한 배경과 국가에 속한 총회에서 와서 함께 교제하고 계획을 세우기 위해 6년마다 한 번씩 모입니다.

세상의 고통을 줄이기 위한 일환으로 우리는 또한 메노나이트 중앙위원회 Mennonite Central Committee, 메노나이트 재난봉사단 Mennonite Disaster Service, 메노나이트 기금Mennonite Foundation, 메노나이트 경제개발기구Mennoniite Economic Development Associates 의 회원이기도 합니다.

우리는 이러한 기관들의 의료, 농업, 교육, 재정 및 변호 활동을 통해 전 세계의 고통을 완화시키고 예수가 평화와 화해를 위한 길이라는 좋은 소식을 공유합니다. 경감시키려는 고통의 예는 다음과 같습니다:

- 빈곤-거의 20억 명의 사람들이 하루에 2달러 미만으로 생활합니다.
- 문맹-많은 지역사회는 특히 소녀들을 위한 학교가 부족합니다.
- 질병-예방 가능한 질병으로 매일 2만 명의 어린이가 사망합니다.
- 영적 공허함-돈, 명성, 권력을 가진 많은 사람들이 여전히 내면의 공허함과 목적의 결여를 경험하고 있습니다.

- 부패한 리더십-자기중심적이고 독재적인 지도자들은 사회의 모든 영역에서 어려움을 일으키고 있습니다.
- 전쟁-지난 세기 1억 명 이상의 사람이 전쟁과 폭력으로 사망했습니다.

토의를 위한 부분

여러분이 속한 공동체는 이 땅에서 일하는 하나님을 어디에서 발견하십니까? 여러분의 회중들은 어떻게 하나님의 일에 참여합니까? 하나님은 여러분을 어떤 일에 함께 하자고 초대하고 있습니까? 사명에 대한 여러분의 비전은 무엇입니까? 여러분의 교회와 교단은 그 비전을 실현하는데 어떻게 도움이 됩니까? 보고싶은 다른 선교 활동에는 어떤 것들이 있습니까?

제주신앙고백문

2016.2.20. 제주

1. 예수가 우리 삶의 중심이다.

우리는 초대교회 전통을 따라 삼위일체 하나님을 믿으며, 성육신하신 예수 그리스도를 우리의 구원자요, 주(主)로 고백한다.

1) 우리는 예수 그리스도를 신앙의 모본으로 따르기로 결단하며, 예수 이외의 그 누구도 주인으로 인정하지 않습니다.
2) 우리는 예수께서 역사의 중심이자 주인이라 믿기 때문에 성경 전체를 예수 그리스도의 삶과 가르침을 통해 해석합니다.
3) 우리는 예수 그리스도를 주로 인정하는 사람들의 다양한 생각과 상황을 열린 마음으로 인정하며, 교파를 초월해 교회의 일치를 추구합니다.

2. 제자도

가난한 자, 갇힌 자, 억울하게 고통당하는 사람들에게 복음을 전하고, 나아가 원수까지도 사랑하신 예수를 본받아 우리는 다음과 같은 일에 헌신한다.
1) 우리는 나 중심의 삶을 탈피하여 하나님 나라와 정의를 구하고자 노력합니다.
2) 우리는 산상수훈의 가르침을 기억하여 서로를 사랑하고, 연약한 자를 돌보고, 잘못한 자를 용서하겠습니다.
3) 우리는 신앙공동체 지체의 어려움을 알았을 때는 교회 전체가 함께 기도하면서 도울 방법을 모색하고, 어려움에 처한 자는 도움 받기를 거부하지 않겠습니다.

3. 평화와 화해
제자 공동체로서 교회는 가정, 교회, 창조세계에 하나님의 평화와 정의를 이루는 일에 헌신함으로써 이 땅에 하나님 나라가 구현되도록 노력한다.
1) 우리는 화를 내더라도 죄는 짓지 않으며, 해가 지도록 노여움을 품고 있지 않음으로 악마에게 틈을 주지 않도록 하겠습니다.(엡4:27-27)
2) 우리는 정기적으로 말씀을 묵상하고 기도하고 예배에 참여함으로써 하나님과 친밀한 관계를 유지하겠습니다.
3) 우리는 평화로 오신 예수님을 따라, 가족과 이웃을 포함해 국가와 이념과 인종 등을 초월하여 그리스도의 사랑을 실천하겠습니다.
4) 우리는 모든 종류의 전쟁에 반대하며, 총이 아니라 말씀과 비폭력으로 그리스도를 따르겠습니다.

4. 공동체
신앙공동체는 우리 삶의 중심이라고 믿기에 우리의 시간과 재능, 물질을 통해 성경적 신앙공동체를 세우는 일에 헌신한다.
1) 우리는 자매 · 형제를 초대하고 모여 함께 떡을 떼는 공동체를 지향합니다.
2) 우리는 예수 그리스도께 헌신하고자 하는 자에게 침례/세례를 베풂으로써 그들을 신앙공동체로 초대합니다.
3) 교회의 의사결정은 목사 중심이 아닌, 교회의 정회원으로 헌신한 모든

자매·형제들이 참여하여 결정합니다.
4) 우리는 공동체 안에서 공동으로 성경을 해석하고 다양한 은사 안에서 성령이 하시는 말씀을 존중합니다.

헌신을 위한 우리의 비전

우리의 비전은 교회와 공동체의 사람들을 초대하여 사역과 사명을 위해 하나님과 서로에게 더 가까운 관계에 헌신하도록 하는 것입니다. 우리는 이 비전을 5가지 실천으로 설명합니다.

- 지역사회
- 출석교인
- 회원멤버
- 성숙한 교회 회원멤버
- 평신도 사역자

1. 지역사회에서 정기적인 예배 출석자로

외부 서클은 지역사회에 살고 있는 관련 없는 사람들을 나타냅니다. 우리는 연대, 홍보, 개인적인 초대를 통해 그들에게 다가갑니다. 때때로 예배나 교회의 행사에 참여하는 사람들을 특별히 주목합니다. 우리의 목표는 공동체에 비기독교인을 초대하여 그들이 그리스도께 헌신하게 하고, 정기적인 참석자가 되게 하는 것입니다. 우리는 가능한 한 빨리, 그들이 하나님의 은혜에 대해 생각하고 예수 그리스도에게 자신들을 헌신하고 재헌신하는 기회를 갖도록 그들을 "무엇을 믿는가?"라는 이 책의 1부로 초대합니다.

2. 정기적인 예배 출석자에서 회원으로

다음 원은 규칙적으로 참석하기 시작한 사람들을 나타냅니다. 그들은 예배하러 오고 교회의 다른 사역에 참여할 것입니다. 우리는 이 정기 예배자들이 침례를 받고 교회의 멤버로 헌신하게 하기 위해 2부 "어디에 속하는가?"로 초대합니다.

3. 회원에서 헌신된 회원으로

우리는 멤버들이 영적으로 성숙하기를 바랍니다. 그러므로 우리는 그들을 3단원 "그리스도인은 어떻게 성숙하게 되는가?"에 등록하도록 초대합니다. 그 단원을 통해 매일 성서 읽기, 기도, 넉넉하게 줌, 그리고 사명과 함께 소그룹 멤버되기를 실천하도록 초대될 것입니다.

4. 헌신된 회원에서 교회의 일을 하는 역할까지

우리는 모든 성숙한 회원들이 교회사역을 하며 세상 속에서 하나님이 주신 사명을 이루기를 소망합니다. 성숙한 교회 회원들은 4단원 "그리스도인은 세상 속에서 어떻게 살아야 하는가?"에 초대됩니다. 이 단원은 성숙한 회원들이 사역과 사명을 위한 그들의 은사와 선택을 분별하는 것을 돕습니다. 이 평신도 리더들은 우리 회중의 핵심을 이루고 있습니다.

토의를 위한 부분

성숙한 모든 기독교인들이 목회사역에 참여하도록 부름을 받았다는 사실에 대해 이 네가지 요점이 제시하는 것과 여러분의 이해는 어떻게 관련되어 있습니까? 여러분은 이 중 어느 단계에 있습니까?

훈련을 위한 우리의 비전 [5]

대부분의 교회들이 간단한 침례나 회원 준비 수업으로 스스로를 제한하는 반면, 우리 교회는 이 책을 통해 기독교인들이 믿음, 의미있는 교회 멤버십, 그리고 사역과 사명에 참여하는 일을 더 명확하게 이해하도록 돕고 있습니다.

네 개 단원은 각각 성장 및 참여 분야와 관련된 서약에 서명하도록 참가자들을 초대함으로써 마무리됩니다. 단원은 다음과 같습니다:

1부: '무엇을 믿는가?'는 우리가 하나님을 믿고, 살아 있는 예수님과 관계를 맺기 시작하고, 성령에 의해 변화되고, 하나님의 은혜를 경험하고 있는 방법을 축하하고 표현하도록 돕습니다.

2부: '어디에 속하는가?'는 참여자들이 하나님의 가족 일원이 되는 특권을 이해하는데 도움을 주는 단원입니다. 하나님 나라 가족의 본성을 설명하고 참가자들을 멤버로 초대합니다.

3부: '그리스도인은 어떻게 성숙하게 되는가?'는 일상의 성서 읽기, 기도, 풍성한 나눔, 소그룹의 활동을 소개함으로써 회원들이 영적으로 성숙하도록 돕습니다.

4부: '그리스도인은 세상 속에서 어떻게 살아야 하는가?'는 성숙한 멤버들이 하나님의 목적을 신실히 이루기 위해 영적인 선물, 열정, 인격, 경험이 어떻게 동원될 수 있는지를 살펴보도록 도움을 줍니다. 그들이 교회에서 의미 있는 사역에 헌신하고 세상에서 하나님이 주신 사명에 참여하도록 돕습니다.

토의를 위한 부분

이 책에서 여러분이 배우고 있는 한두 가지를 나누십시오. 무엇이 가장 좋았습니까? 어떤 주제에 대해 더 알고 싶습니까?

4장. 의미있는 멤버십을 통해 소속하기

이 단원은 우리 교회의 일원이 되는 것과 관련된 실질적인 문제들을 다룹니다. 우리는 당신의 멤버십이 의미 있기를 바랍니다. 그래서 우리는 멤버십과 관련된 두 가지 실행의식을 살펴보도록 하겠습니다. 그것은 침례와 성찬식입니다.

침례세례

… 백성이 모두 침례세례를 받았다. 예수께서도 침례세례를 받으시고, 기도하시는데, 하늘이 열리고, 성령이 비둘기 같은 형체로 예수 위에 내려오셨다. 그리고 하늘에서 이런 소리가 울려 왔다. "너는 내 사랑하는 아들이요, 나는 너를 좋아한다." 누가복음 3:21-22

예수께서 침례세례를 받으시면서 그의 사역을 시작하신 것과 같이, 우리는 참석자들에게 물로 침례세례를 받음으로 교회에서 그들의 삶과 사역을 시작하라고 권합니다. 기독교인들에게 침례는 하나님의 가족, 교회에 들어가는 입문 의식입니다.

누가 침례세례를 받아야 합니까?

대부분의 기독교 교회들은 유아세례를 행하는 반면, 우리교회를 포함한 아나뱁티스트들 메노나이트가 속한은 성인침례세례 또는 신자들의 침례세례를 행합니다. 이것은 예수님에 대한 믿음이 여러분의 신앙고백에 근거하여 침례세례를 받음으로 시작되었다는 것을 의미합니다. 우리는 다음과 같이 믿습니다:

1. 모든 예수 그리스도의 제자들은 침례세례를 받아야 합니다.

"누구든지 사람들 앞에서 나를 시인하면, 나도 하늘에 계신 내 아버지 앞에서 그 사람을 시인할 것이다. 그러나 누구든지 사람들 앞에서 나를 부인하면, 나도 하늘에 계신 내 아버지 앞에서 그 사람을 부인할 것이다." 마태복음 10:32-33

"그러므로 너희는 가서, 모든 민족을 제자로 삼아서, 아버지와 아들과 성령의 이름으로 침례세례를 주고," 마태복음 28:19

침례세례의 목적은 공개적으로 예수님과의 관계를 축하하고 예수님과 맺은 여러분의 개인적인 약속을 확인하는 것입니다. 침례가 당신을 기독교인으로 만드는 것이 아니라 단지 당신이 기독교인이라는 것을 보여줍니다. 그것은 여러분이 헌신하고 그리스도의 몸에 참여하고 싶다는 것을 모두에게 알려줍니다.

2. 하나님의 가족으로 받아들여진 것을 축하받고자 하는 사람들은 침례를 받아야 합니다.

우리는 유대 사람이든지 그리스 사람이든지, 종이든지 자유인이든지, 모두 한 성령으로 세례를 받아서 한 몸이 되었고, 또 모두 한 성령을 마시게 되었습니다. 고린도전서 12:13

침례세례는 그리스도와 당신의 관계를 축하할 뿐만 아니라 하나님의 가족으로 받아들여진 것을 축하하는 예식입니다. 우리는 "그리스도의 몸 안에서" 침례세례 받습니다. 그리스도의 몸된 교회의 회원이 되는 것은 매우 기쁜 일입니다. 우리가 그리스도의 몸인 교회에 속한 이후에 우리는 그리스도의 일부가 될 수 있습니다.

3. 예수 그리스도에 대한 개인적인 믿음을 갖기 전에 침례세례를 받은 사람은 다시 침례세례를 받아야 합니다.

일부 교회들은 원죄를 해결하기 위해서 유아세례를 행합니다. 이 의식에서 부모들은 그들의 자녀들을 믿음으로 키우겠다고 약속하고, 교회는 아이를 믿음의 공동체로 환영합니다. 부모들은 그 자녀들이 책임을 질 수 있는 나이가 되었을 때, 자녀들의 신앙을 지킬 수 있기를 기도합니다.

우리는 유아세례를 거행하는 대신에 부모-자녀 헌아식을 합니다. 헌아식에서 교회와 함께 부모들은 믿음 안에서 자녀들을 키울 것을 약속합니다. 그리고, 부모들은 그 자녀들이 책임을 질 수 있는 나이가 되고 자녀들 스스로 결정을 할 수 있을 만큼이 되면, 자녀들 각자의 믿음의 고백을 바탕으로 침례세례 받는 것을 결정하기를 기도합니다. 성인침례세례는 성인침례를 받은 사람들이 어떻게 하나님의 은혜를 경험했는지에 대한 이야기를 나누고 그들이 그리스도와 그리스도인의 몸과 관계가 된 것을 축하하는 의식입니다.

여러분이 유아기에 세례를 받고 성인이 되어서 예수 그리스도에 대한 여러분의 믿음을 공개적으로 확증했다면, 우리는 성인침례세례를 여러분의 재량에 맡기겠습니다. 성인침례세례를 선택한다면 우리는 회중과 함께 여러분의 과거 이야기를 공유할 것입니다. 여러분이 믿음을 공식적으로 확인한 때와 장소를 포함해서 말입니다.

여러분과 여러분의 배우자 혹은 자녀들이 개별적으로 그리스도를 따르기로 결정했다면, 여러분은 빌립보 교도관이나 그 가족처럼 같은 예식에 참여하여 함께 침례세례를 받을 수도 있습니다.

그 밤 그 시각에, 간수는 그들을 데려다가, 상처를 씻어 주었다. 그리고 그와 온 가족이 그 자리에서 세례를 받았다. 사도행전 16:33

언제 침례세례를 받아야 합니까?

1. 신자가 된 후에 바로 침례세례를 받아야 합니다.

"회당장인 그리스보는 그의 온 집안 식구와 함께 주님을 믿는 신자가 되었다. 그리고 고린도 사람 가운데서도 많은 사람이 바울의 말을 듣고서, 믿고 세례를 받았다." 사도행전 18:8

여러분이 그리스도를 삶으로 받아들인 일이 결정된 즉시 여러분은 이 책의 처음 두 부분1부와 2부과 다른 준비과정을 들음으로써 침례를 준비하도록 초대됩니다. 침례는 그리스도와 하나가 되겠다는 공적인 선언입니다. 이는 여러분이 신자이고 여러분이 그리스도의 몸의 일부가 되길 원한다는 것을 의미합니다. 이것은 기독교 신앙과 교회로 들어간다는 것을 공식적으로 알리는 행위입니다.

2. 여러분이 "침례받기에 충분하다"고 생각할 때까지 늦추지 마십시오.

… 세례를 받았다. 이렇게 해서, 그 날에 신도의 수가 늘어났다. 사도행전 2:41

구원은 은혜로 되는 것입니다. 그것은 하나님의 과분한 선물입니다. 여러분은 절대로 구원을 얻을 수 있는 "충분히 좋은" 혹은 "충분히 아는" 사람이 될 수는 없을 것입니다. 여러분이 자신의 길을 가는 것에 대해 용서를 받고 예수를 주님으로 따르는 것이 무엇인지 기본적으로 그 의미를 이해한다면, 여러분의 침례를 지연시킬 이유가 없습니다. 만약 여러분이 기독교 신앙에 익숙하지 않다면, 여러분은 이 단원에 있는 신자들의 믿음과 비전에 대한 선언문에 대해 더 많은 시간을 할애해보고 싶을 것입니다.

어떻게 침례세례를 받아야 합니까?

때때로 새로운 신자들은 세례와 침수례의 방식으로 침례세례를 받습니다. 침례세례의 한 형태가 다른 것보다 우월하지 않습니다. 중요한 것은 침례는 당신의 삶에서 하나님께서 하신 일의 상징이라는 것입니다. 그리스도께 일정 기간 동안 헌신한 사람이나 공적으로 예수님을 주님이라고 시인한 사람들은 물 뿌리는 상징의 세례를 선호할 것입니다. 보다 급진적인 회심의 경험이 있고 죽음에서 새로운 삶으로의 변화를 상징으로 드러내기를 원하는 사람들은 종종 물에 잠기는 침례를 좋아할 것입니다.

침례세례의 절차와 상징

침례세례식을 시작하면서 목회자가 침례세례의 의미에 대해 회중들에게 간단히 설명할 것입니다. 그러면 여러분은 회중들에게 신자로 소개되어 침례세례를 받도록 권면 받게 될 것입니다. 목사가 그리스도께 바친 헌신에 대해 일련의 질문을 하거나, 여러분이 질문에 대답하고, 개인적인 간증을 공유할 수도 있습니다. 일반적인 질문은 다음과 같습니다:

- 여러분은 예수 그리스도를 개인적인 주님과 구주로 받아들이고, 그의 죽음과 여러분의 죄를 용서하는 부활을 믿습니까?
- 여러분은 그리스도와 그의 섬김에 여러분 자신을 엄숙히 바치며 성령의 가르침과 능력을 얻어서 죄의 길에서 벗어나서 기도하고 성서를 연구하고 하나님과의 교제를 도모하시겠습니까?
- 이 교회의 회중들과 조언을 주고받으며 그들과 교제하며 함께 살 의향이 있습니까?
- 여러분은 그리스도를 믿는 여러분의 고백에 근거하여 침례세례를 받으며, 세상에서 하나님의 사명에 헌신하며 예수 그리스도의 교회 안에 받아

들여지기를 원합니까?

1. **물을 붓는 세례형식 Pouring**
   - 여러분의 신앙 이야기를 회중들과 공유하도록 초대될 것입니다.
   - 여러분은 예수를 여러분의 주님으로 받아들였고 겸손하게 그를 섬기려는 의지를 나타내는 상징으로써 무릎을 꿇어야 할 것입니다.
   - 목사, 리더 또는 멘토는 여러분이 믿음의 확언에 충실하기를 공개적으로 기도할 것입니다.
   - 목회자는 당신의 죄가 용서되거나 씻겨 나간 상징으로 당신의 머리에 물을 부을 것입니다.
   - 물을 붓는 동안 목회자는 아버지, 아들, 성령의 이름 또는 성령으로 침례세례를 받는다고 선언합니다.
   - 그 다음 목회자가 당신의 머리 위에 손을 얹음으로 당신이 교회사역을 위해 따로 구별되었고 축복받았다는 것을 상징합니다.
   - 목사와 리더는 여러분에게 "교제의 오른손"을 내밀 것입니다. 여러분에게 새로운 삶 속에서 회중들과 함께 일어나 걸어나가라고 초대합니다.
   - 침례세례 인증서를 받게 됩니다.
   - 여러분은 공식적으로 교회의 회원인 그리스도의 몸으로 환영 받을 것입니다.
   - 회중의 구성원들은 예배 종료 시 여러분을 환영할 기회를 가질 것입니다.

2. **물에 잠기는 침수례 immersion**
   - 여러분의 신앙 이야기를 회중들과 공유하도록 초대될 것입니다.
   - 리더 또는 멘토에 의해 물속으로 안내됩니다.
   - 목회자는 당신에게 예수님에 대한 믿음을 재확인하고 이 세상의 악한 힘

을 포기하라고 요청할 수 있습니다.
- 목회자, 리더 또는 멘토는 여러분이 신실하게 지내기를 기도할 것입니다.
- 당신은 당신의 예전 삶에 대해 죽었고 새로운 삶으로 부활한다는 상징으로 물속에 잠시 잠기게 될 것입니다.
- 여러분은 공식적으로 교회의 회원인 그리스도의 몸으로 환영 받을 것입니다.
- 침례세례 증서를 받게 됩니다.
- 회중의 구성원들은 예배 종료 시 여러분을 환영할 기회를 가질 것입니다.

* 참고: 특별한 장애가 있거나 필요가 있을 시, 상황에 맞게 준비하도록 목회자와 상의해야 합니다.

정기적인 아침 예배 중에 침례세례가 거행되는 경우, 침례세례의 마지막 3단계는 본 책의 2부와 같은 추가적인 신앙 교육 후에나 특별한 저녁 예배시간에 진행되어도 됩니다.

토의를 위한 부분

침례세례에 대해 질문들이 더 있습니까? 여러분은 특정한 형태의 침례세례에 끌립니까? 왜 그렇습니까?

주의 만찬

주 예수께서 잡히시던 밤에, 빵을 들어서 감사를 드리신 다음에, 떼시고 말씀하셨습니다. "이것은 너희를 위하는 내 몸이다.

이것을 행하여 나를 기억하여라." 식후에, 잔도 이와 같이 하시고서, 말씀하셨습니다. "이 잔은 내 피로 세운 새 언약이다. 너희가 마실 때마다 이것을 행하여, 나를 기억하여라."

고린도전서 11:23b-25

주의 만찬은 무엇입니까?

1. 주의 만찬은 가벼운 교제를 위한 식사입니다.

성서 당시 문화에서 함께 음식을 먹는 것은 서로 평화롭게 지내는 표시였습니다. 주의 만찬, 성찬을 회중들과 함께 먹는 것은 여러분이 하나님과 함께 그리고 서로서로 평화롭게 지내고 있다는 것을 상징합니다. 여러분은 하나님과 회중 안에서 서로 용서 받는 관계를 맺었다고 선언하고 있습니다. 여러분은 용서 받은 공동체입니다. 예배는 여러분에게 이 용서가 그리스도의 죽음과 부활에 의해 가능했다는 것을 상기시켜 줄 것입니다.

2. 주님의 만찬은 그리스도께서 하신 일을 상징하는 단순한 행동입니다.

두세 사람이 내 이름으로 모여 있는 자리, 거기에 내가 그들 가운데 있다. 마태복음 18:20

성찬식은 하나님이 우리에게 하신 일을 보여주는 단지 시청각object 가르침입니다. 부서진 빵은 우리를 위해 부서진 예수의 몸을 상징하는 것입니다. 포도 주스나 포도주는 처음 믿는 사람들과 우리에게 즐거움과 자유를 가져다 준 예수의 피를 상징합니다.

우리는 주의 만찬이 하나님의 은혜로 이루어졌고 신자들의 삶에 성취한 것을 상징한다는 것을 알고 있습니다. 그것은 하나님의 구원하시는 은혜를 받는 성례나 수단이기보다는 교회에서 일하는 그리스도의 진정한 존재의 상징입니다.

3. 얼마나 자주 주의 만찬을 지켜야 합니까?

일부 기독교인들은 그들이 만날 때마다 주님의 만찬을 지키지만, 우리는 다음과 같은 특별한 행사와 더불어 시행합니다.

- 첫 번째 대림절 교회력의 첫 번째 일요일
- 성령강림절
- 새해 전야
- 새해의 첫 번째 일요일
- 헌신의 주일
- 성목요일 또는 성금요일
- 세계성찬주일

우리가 성찬식을 지킬 때마다, 그것은 우리가 그리스도와 서로 맺은 언약을 생각나게 합니다. 음식을 함께 먹는 경험은 우리가 하나님과 천국에서 함께 할 완벽한 만찬의 맛보기입니다. 여러분은 우리가 다양한 형태로 주님의 만찬을 기념한다는 것을 알게 될 것입니다.

누가 참가합니까?

1. 일상생활에서 예수를 따르기로 약속하는 사람

그들이 먹고 있을 때에, 예수께서 빵을 들어서 축복하신 다음에, 떼어서 그들에게 주시고 말씀하셨다. "받아라. 이것은 내 몸이다. 마가복음 14:22

예수께서 무리가 아니라, 제자들과 함께 주의 만찬을 나누셨습니다. 성찬식은 참여자들이 그리스도와 서로 서로 인격적인 관계를 가지고 있음을 상징합니다.

2. 자기점검을 통해 스스로 준비된 사람들

그러므로 네가 제단에 제물을 드리려고 하다가, 네 형제나 자매가 네게 어떤 원한을 품고 있다는 생각이 나거든, 너는 그 제물을 제단 앞에 놓아두고, 먼저 가서 네 형제나 자매와 화해하여라. 그런 다음에 돌아와서 제물을 드려라. _{마태복음 5:23-24}

우리가 교회 안에서 성찬식을 할 때마다, 기도와 자기 성찰을 하는 시간을 갖습니다. 우리는 스스로에게 묻습니다. "제 삶에 고백하고 용서받을 만한 무엇이 있나요?" 그리고 "나와 다른 멤버들 사이에 해결해야 할 일이 있나요?"

3. 참여하기를 원하는 침례 받지 않은 아이들

… 어린이들이 내게 오는 것을 허락하고, 막지 말아라. _{마태복음 19:14a}

일반적으로 성찬식은 하나님과 서로 용서받을 수 있는 관계를 가진 침례받은 신자들을 위한 것입니다. 우리는 아이들에게 포도를 주고 하나님이 그들을 사랑한다고 말함으로써 축복합니다.

만약 침례 받지 않은 아이들이 참여하기를 바란다면, 부모들과 교회는 성찬의 의미를 아이들과 논의하여 무엇이 적절한지 토론하기를 원할 것입니다. 이 일은 아이들이 개인적으로 그러나 공개적으로 그들이 그리스도와 관계를 맺고 있는지 또는 그와 같은 관계를 시작하고자 하는 그들의 마음을 확인하는 시간입니다.

토의를 위한 부분

성찬식에 대해 어떤 의문점이 남아 있습니까? 성찬식의 의미를 어떻게 이해하십니까?

멤버십

우리는 왜 멤버십을 갖고 있습니까?

우리 교회에서는 공식적인 멤버십이 중요하다고 생각합니다. "참여자"와 "멤버"의 차이는 "헌신"이라는 단어로 요약됩니다. 우리는 다음 세 가지 이유로 멤버십에 헌신합니다:

1. 성서적인 이유: 교회는 그리스도의 몸입니다.

여러분은 그리스도의 몸이요, 따로 따로는 지체들입니다. 고린도전서12:27

하나님의 영으로 가득 찼을 때에, 교회는 땅에 있는 그리스도의 몸으로, 예수님의 사역 중에 행하기 시작한 일을 계속합니다. 우리는 그의 몸이나 가족의 일부가 되지 않고서는 그리스도의 일부가 될 수 없다는 것을 알게 됩니다.

2. 개인적인 이유: 멤버십은 영적인 성장을 돕습니다.

지역 교회에 회원으로 가입하면 교제와 "소속감"이 더욱 구체화됩니다. 성서에는 신자들의 일부가 되지 않고서는 이룰 수 없는 30개 이상의 명령이 있습니다. 헌신하는 것은 우리가 서로에게 조언을 주고 받고 우리의 신앙을 적극적으로 표현하도록 도와줍니다.

3. 실제적인 이유: 멤버십은 누구를 신뢰해야 할지 정의합니다.

서로 사랑하세요. 서로 서로 잘 보살피세요. 서로 인사하세요. 서로 서로 격려하세요. 서로를 위해 기도하세요. 서로 상담하세요. 서로 나누세요. 서로 도와주세요.

모든 팀들이 선수명단을 가지고 있고 모든 학교가 학적부를 가지고 있는 것처럼, 교회는 누구를 신뢰해야 하는지 알아야 합니다. 멤버십은 우리 가족이 누구인지 확인시켜 줍니다. 멤버십을 통한 믿음과 충성의 선언은 한 사람을 신뢰할 수 있게 만들어 줍니다.

토의를 위한 부분

정식 멤버십은 어떤 차이를 만들어 줍니까? 교회는 그것을 얼마나 중요하게 생각합니까? 신자에게는 얼마나 중요합니까?

일반적인 논의를 위한 부분

다음과 관련된 질문이나 의견이 있습니까?
- 신앙 고백에 근거한 침례
- 목적, 신념 및 사역에 대한 회중의 선언문에 대한 확신 및 지원
- 예배참석, 은사 및 자원으로 교회 지원
- 상담을 주고받을 의지
- 교회의 증인과 사명 공유

멤버십에 헌신할 준비가 되셨나요?

… 보아라, 내가 네 앞에 문을 하나 열어 두었는데, 아무도 그것을 닫을 수 없다.… 내가 문 밖에 서서, 문을 두드리고 있다. 누구든지 내 음성을 듣고 문을 열면, 나는 그에게로 들어가서 그와 힘께 먹고, 그는 나와 힘께 먹을 것이다. 요한계시록 3:8, 20

_____ 교회에 대한 나의 헌신

나는 다음과 같이 선언합니다:

나는 예수를 나의 주님과 구주로 받아들였습니다.

나는 침례를 통해 공개적으로 나의 신앙을 밝혔습니다.

나는 목적 선언문, 믿음 선언문, 그리고 사역에 대한 회중의 선언문에 동의합니다.

나는 약속합니다:

나는 정기적인 예배 참석과 은사와 물질로 이 교회를 도울 것입니다.

나는 기꺼이 이 가족에게 조언을 구할 것이며 나는 이 회중의 증인과 사명을 공유할 것입니다.

서명_____

날짜_____

하나님,
예수를 나의 주님과 구주로 맞아들이고 그의 이름을 믿으면,
너는 나의 가족이 될 권세가 있다라고 말씀하셨습니다.
초대해 주셔서 감사드리며 지금 그 초대를 받아들입니다.
예수의 이름으로 기도합니다.
아멘

후주

1) 도널드 크레이빌 『예수가 바라본 하나님 나라 – 세상 속으로 뚫고 들어오는 하나님 나라의 전복적 삶』(김기철 역, 복있는사람)에서 사용된 표현임
2) 좀 더 완벽한 목적에 대한 내용을 위해, 릭 워렌의 『목적이 이끄는 교회』 2부를 보라.
3) 여기에 나온 24개의 항목은 『메노나이트 신앙고백』, 21-158쪽에 나오는 24개의 신앙고백의 해석을 중심으로 적었습니다. 좀 더 쉬운 언어로 바꾸고, 교재의 특성상 어체만 바꾸었습니다.
4) Rufus M. Jones, *Studies in Mystical Religion* (London: Macmillan, 1909), 369.
5) "헌신의 써클"에 대해 좀 더 명확하게 알려면 릭 워렌의 『목적이 이끄는 교회』 131-136을 보라.

3부 어떻게 성숙한 그리스도인이 되는가 Become Mature

1장. 성서읽기를 통해 영적으로 성숙하기
- 왜 성서를 읽어야 합니까?
- 성서를 읽기에 가장 좋은 시간은 언제입니까?
- 성서를 읽기에 좋은 장소는 어디입니까?
- 얼마나 많이 읽어야 합니까?
- 한 달 산상수훈 읽기 가이드
- 어떻게 성서를 해석해야 합니까?
- 어떻게 성서를 연구해야 합니까?
- 읽기에서 적용으로0
- 매일 성서를 읽기로 약속하기

2장. 기도를 통해 영적으로 성숙하기
- 왜 기도해야 합니까?
- 기도하기 좋은 시간은 언제입니까?
- 기도하기 좋은 장소는 어디입니까?
- 어떻게 기도합니까?
- 그외 기도하는 다른 방법이 있습니까?
- 매일 기도하는 것에 대해 약속하기

3장. 아낌없는 나눔을 통해 영적으로 성숙하기
- 십일조에 대해 성서는 어떻게 말하고 있습니까?
- 왜 주어야 합니까?
- 언제 주어야 합니까?
- 어디서 주어야 합니까?
- 얼마나 주어야 합니까?
- 어떤 태도로 주어야 합니까?
- 풍성한 나눔이 여러분을 부자가 되게 할까요?
- 풍성한 나눔(줌)에 대한 나의 헌신

4장. 소그룹을 통해 영적으로 성숙하기
- 교회는 어떻게 구성되어 있습니까?
- 왜 우리는 소그룹으로 만나야 합니까?
- 여러분의 그룹은 어떤 모습이어야 할까요?
- 여러분의 그룹은 언제 어디서 모여야 합니까?
- 여러분은 그룹으로 모여 무엇을 합니까?
- 새로운 그룹은 어떻게 시작해야 합니까?
- 소그룹 모임 참석에 대한 나의 헌신

3부 열기[1]

많은 사람들이 자신들이 기독교인이 아닐지라도 스스로를 영적이라고 생각합니다. 3부의 네 장은 여러분이 기독교 신앙 안에서 영적으로 성숙하게 되도록 도와 줄 기독교의 자료와 개념을 소개할 것입니다.

영적으로 성숙해지는 것은 예수님을 더 많이 닮아가는 것입니다. 어떻게 하면 그리스도를 더 닮아갈 수 있습니까? 우리는 이런 일이 자동적으로 일어나지 않음을 잘 알고 있습니다. 그것은 훈련이 필요한 과정입니다. 사도 바울은 디모데에게 "신앙의 목적으로 자신을 훈련하라" 디모데전서 4:7고 조언했습니다. 신약성서 골로새서 에서 바울은 자신이 목회하는 목적을 다음과 같이 말했습니다:

> 그는 여러분이 완전하게 되고, 하나님의 모든 뜻에 확신을 가지고 서기를 기도하면서, 늘 여러분을 위하여 애쓰고 있습니다. 골로새서 4:12b

3부에서는 영적인 성숙을 향한 꾸준한 성장을 경험하는 데 필요한 네 가지 기본 실천사항들 practice 2에 대해 알아 볼 것입니다. 여러분이 나중에 더 연구하기 원할지도 모르는 다른 실천사항도 있습니다.

1장에서는 왜, 언제, 어디서 성서를 읽어야 하는지, 그리고 한 번에 어느 정도 분량의 성서를 읽어야 하는지를 알아볼 것입니다. 여러분은 성서를 해석하는 다양한 방법과 성서를 공부하는 창의적인 방법을 살펴보게 될 것입니다.

2장은 기도 습관의 중요성과 여러분이 기도할 때 무엇을 해야하는지 중점적으로 살펴 볼 것입니다. 다른 사람들이 알고 있는 창의적이고 도움이 되는 기도방법도 살펴볼 것입니다.

3장은 여러분이 자신의 재정에 대해 넉넉한 마음을 가지는 것의 잇점과 중요성을 알아봅니다. 또한 "번영 복음성공을 추구하는 믿음"에 대한 몇 가지 주의사항을 알려 줍니다.

4장은 정기적으로 만나는 소그룹이 얼마나 소중한지 알아 볼 것입니다.

영적 훈련은 여러분이 파괴적인 행동을 중단하고 그리스도 안에서 새로운 삶으로 자라게 하는데 도움을 주는 규칙적인 훈련입니다. 영적인 훈련에 정기적으로 참여하는 것은 기독교인의 삶에서 영적인 성장과 즐거움을 경험하도록 안내해 줍니다.

여러분이 이러한 실천사항들을 실행할 때, 이 실천사항들은 여러분이 하나님과 여러분에게 가장 가까운 사람들과 관계를 가지는 자연스러운 방법이 될 것입니다. 이 실천사항들 자체가 여러분을 변화시키지는 않을지도 모릅니다. 오직 하나님만이 여러분을 변화시키실 수 있습니다! 적절한 실천사항들은 하나님께서 여러분의 생각, 감정, 행동을 바꿀 수 있는 곳으로 여러분을 인도합니다. 그 실천사항들은 여러분이 예수 그리스도의 순종적이고 충실한 제자가 되도록 도와줍니다.

각 장의 마지막에는 여러분이 실천할만한 사항들 중 한 가지를 토의하도록 준비해 놓았습니다. 그리고 원하신다면 그 훈련에 헌신할 수도 있습니다.

이 단원의 전반적인 구조와 내용은 캘리포니아 주 레이크 포레스트, 새들백 교회의 릭 워렌 목사가 지은 C.L.A.S.S Christian Life and Service Seminars 라는 자료를 각색한 것입니다.

1장. 성서읽기를 통해 영적으로 성숙하기

모든 성서는 하나님의 영감으로 된 것으로서 교훈과 책망과 바르게 함과 의로 교육하기에 유익합니다. 성서는 하나님의 사람을 유능하게 하고, 그에게 온갖 선한 일을 할 수 있게 하는 것입니다. 디모데후서 3:16-17

성서읽기는 하나님께서 친히 우리를 가르치실 수 있게 우리 자신을 드리는 중요한 방법입니다. 이 장은 6가지 중요한 질문이 제기됩니다.

왜 성서를 읽어야 합니까?

1. 성서읽기는 하나님과 교제하는 것입니다.

   누구든지… 문을 열면, 나는 그에게로 들어가서 그와 함께 먹고, 그는 나와 함께 먹을 것이다. 요한계시록 3:20

2. 성서읽기는 하나님에 대한 여러분의 마음을 자라가게 합니다.

   히스기야는 … 하는 일마다 최선을 다하였으므로, 하는 일마다 잘 되었다. 역대하 31:21

3. 성서읽기를 통하여 하나님께서 여러분을 인도하십니다.

   네가 하는 모든 일에서 주님을 인정하여라. 그러면 주님께서 네가 가는 길을 곧게 하실 것이다. 잠언 3:6

4. 성서읽기를 통해 여러분의 마음이 변화됩니다.

여러분은 이 시대의 풍조를 본받지 말고, 마음을 새롭게 함으로 변화를 받아서, 하나님의 … 뜻이 무엇인지를 분별하도록 하십시오. 로마서 12:2

5. 성서읽기는 여러분이 자신의 섬기는 분야에서 더 잘 섬기도록 돕습니다.

모든 성서는 하나님의 영감으로 된 것으로서 교훈과 책망과 바르게 함과 의로 교육하기에 유익합니다. 디모데후서 3:16

성서를 읽기에 가장 좋은 시간은 언제입니까?

성서를 읽는 가장 좋은 시간은 여러분이 가장 좋을 때입니다.

이른 아침 조용한 시간이 좋은 이유:
- 하루를 말씀으로 시작하는 것이 당연하게 여겨집니다.
- 하나님과의 만남이 여러분에게 최우선임을 나타내 줍니다.
- 충분히 휴식을 취한 상태일 것입니다. 여러분의 마음이 덜 어수선합니다.
- 일반적으로 가장 산만하지 않은 시간입니다.

하루를 마무리하는 조용한 시간이 좋은 이유:
- 어떤 사람들은 저녁에 정신이 더 또렷해집니다.
- 하나님과 교제하면서 하루를 마감하는 것이 당연하게 여겨집니다.
- 일반적으로 방해거리가 적은 시간입니다.
- 하나님이 주시는 격려나 영감을 받고 잠드는 것은 평안해 보입니다.

성서를 읽기에 좋은 장소는 어디입니까?

> 이디오피아 내시는 돌아가는 길에 마차에 앉아서
> 예언자 이사야의 글을 읽고 있었다.
>
> 사도행전 8:28

1. 성서를 읽을 기회가 있는 곳이라면 어디서나 읽을 수 있습니다.
   - 차 안이나 대기실에서 기다리는 동안
   - 가족과 함께 식탁에 둘러 앉아서
   - 예배 중에
   - 소규모 그룹 연구에서

2. 하나님과 사귐을 가지고 하나님의 인도를 받을 수 있는 가장 좋은 장소는 가장 산만하지 않은 곳입니다.
   - 특정한 방이나 특정한 의자일 수 있습니다.
   - 성서, 묵상할 만한 글들, 저널, 찬송가 등 필요한 자료를 가지고 옵니다.
   - 촛불을 켜거나 조용하게 집중하는데 필요한 것을 준비하십시오.

토의를 위한 부분

'성서읽는 것이 왜 중요한가?' 라는 질문에 대해 돌아가면서 각자의 의견을 나누겠습니다.

얼마나 많이 읽어야 합니까?

이 예언의 말씀을 읽는 사람과 듣는 사람들과 그 안에 기록되어 있는 것을 지키는 사람들은 복이 있습니다. 요한계시록 1:3

1. **하나님이 여러분에게 말씀하실 때까지 읽으십시오.**
   - 무언가가 여러분을 멈추게 하고 "바로 이것이 당신을 위한 것입니다!"라고 말할 때까지 읽으십시오. 그것은 겨우 한 구절일 수도 있습니다.
   - 하나님께서 여러분을 위해 말씀하시는 것 같은 특별한 단어에 밑줄을 그으십시오. 여백이나 일기에 그 내용을 적어 두세요.

2. **큰 그림을 보면서 읽으십시오.**
   - 성서 한 장 전체 또는 한 단락 전체를 읽으십시오.
   - 한 번에 한 권의 책을 읽으십시오.
   - 한 단어 또는 한 주제를 마음에 두고 읽으십시오.

3. **경건의 시간을 위한 서적, 성서읽기안내 3에서 제안하는 성서 구절을 읽으십시오.**

4. **산상수훈과 같은 중요한 단락들을 반복해서 읽으십시오.**
   산상수훈은 영적으로 성숙하고 성령으로 충만한 사람들이 삶의 실질적인 어려움들을 어떻게 이겨낼 수 있는지에 대한 예수님의 구체적인 가르침입니다. 산상수훈을 주의 깊게 그리고 자주 읽는 것은 여러분이 예수님의 눈으로 세상을 보는 관점을 발전시키는데 도움을 줄 것입니다.

   토의를 위한 부분
   성서를 어떻게 읽는 것이 여러분에게 가장 도움이 된다고 생각합니까?

한 달 산상수훈 읽기 가이드

5:1-16   영적으로 성숙한 사람의 특징

1일	1-2	소개
2일	3, 8	당신은 영적으로 가난하다는 것이 무엇인지 압니다. 당신은 정직하고 진실합니다.
3일	4, 9	당신은 나쁜 일을 할 때 기분이 좋지 않습니다. 당신은 평화를 위해 일합니다.
4일	5, 10	당신은 심지어 박해를 받아 고통스런 가운데서도 온유하고 순종합니다.
5일	6, 11	비록 누군가 당신을 억울하게 대해도 당신은 하나님이 원하시는 일이 이루어지기를 바랍니다.
6일	7, 12	다른 사람에게 긍휼을 보여 주십시오. 보상이 바로 주어지지 않기도 합니다.
7일	13-16	당신은 빛과 소금처럼 세상에서 유용한 사람이 될 것입니다.

5:17-48   다른 사람을 향한 영적으로 성숙한 태도

8일	17-20	당신이 다른 사람에게 가질 가장 낮은 수준의 행동기준
9일	21-26	당신을 고소하는 사람을 향해 당신이 취해야 할 태도와 행동들
10일	27-32	가족을 위한 헌신
11일	33-37	사업을 하는 사람과의 관계
12일	38-42	공무원들에 대한 반응
13일	43-48	원수에 대한 태도

6:1-34   하나님과 영적으로 성숙한 관계 맺기

14일	1-4	도움이 필요한 사람들에게 나누는 삶에 대해
15일	5-14	기도에 대해
16일	15-18	금식에 관해
17일	19-24	재산과 부와의 관계
18일	25-32	음식과 옷에 대하여
19일	33-34	우선순위와 신뢰에 대하여

7:1-12   영적으로 성숙한 신자들을 위한 실제적인 제안들

20일	1-5	문제가 있는 사람을 대할 때
21일	6	시간을 어떻게 쓸 것인가를 결정할 때
22일	7-11	성령충만을 구할 때
23일	12	일반적인 상황을 다룰 때

7:13-29   다가오는 위험

24일	13-14	쉬운 길을 가고자 하는 유혹
25일	15-20	거짓교사를 구별하는데 실패
26일	21-23	예수님과의 관계에 대해 우리가 속는 것
27일	24-27	이런 가르침을 실천하는데 실패
28일	28-29	산상수훈을 마치면서

어떻게 성서를 해석해야 합니까?

1. 모든 성서는 하나님의 영감으로 쓰인 것을 알아야 합니다.

모든 성서는 하나님의 영감으로 된 것으로서 교훈과 책망과 바르게 함과 의로 교육하기에 유익합니다. 디모데후서3:16

예언은 언제든지 사람의 뜻에서 나온 것이 아니라, 사람들이 성령에 이끌려서 하나님께로부터 오는 말씀을 받아서 한 것입니다. 베드로후서1:21

모든 성서, 구약과 신약은 성령의 계시를 통하여 우리에게 왔습니다. 그러나 모든 성서가 유용성이나 권위에 있어서 동등한 것은 아닙니다. 성서가 하나님에 대해 알 수 있고, 하나님의 뜻에 대한 지식을 얻을 수 있는 최종의 자료이지만, 예수가 여러분의 최종적인 권위여야 합니다.

2. 성서를 해석하는 데는 4가지 일반적인 방법이 있습니다.

성서를 해석하는데 다양한 접근방식은 신실한 그리스도인을 하나님과 하나님의 뜻을 이해하는데 있어 매우 다양한 방향들로 나아가게 합니다. 4가지의 접근은 다음과 같습니다.

a. 평면적 성서 이해 The "flat Bible" approach

"평면적 성서"이해의 접근은 모든 성서는 동일한 권위를 가지고 있다고 가정합니다. 그래서 모세의 가르침은 예수의 가르침과 동일한 것이 됩니다. 이런 접근으로 인해, 종종 하나님은 두 가지 뜻을 가지고 있는 것처럼 보입니다. 이 접근을 사용하는 사람은 사형제도나 전쟁의 개입과 같은 사회적인 문제에 대한 하나님의 뜻을 이해하기 위해서 구약과 모세에게서 찾으려는 경향이 있습니다. 그리고 이들은 경건한 삶을 사는 것과 같은 개인적인 문제에 대한 하나님의 뜻을 신약성서 특히, 사도 바울의 글에서 찾으려고 합니다. 평면적 성서가해의 접근방식은 어떤 결정을 하는 데 있어서 예수님의 말씀이 최종적인 권위를 갖지 못하기 때문에, 이 접근방식은 우리의 매일의 일상에 대해 적절하고 일관성 있는 답을 얻기 어렵습니다.

b. 세대주의적 성서 이해 The dispensational approach

세대주의적 성서 이해는 1800년대 중반에 성장했습니다. 이것은 하나님께서 특별한 섭리가 있는 시기 dispensation나 시대에 따라 다른 하나님의 뜻과 다른 윤리 기준을 가지고 있다고 가정합니다. '세대 dispensation-하나님의 특별한 섭리가 있는 시기-는 아담의 시대, 노아의 시대, 아브라함의 시대, 율법의 시대, 교회의 시대, 그리고 앞으로 올 하나님의 왕국 시대로 나누어집니다. 이 접근을 따르는 사람들은 산상수훈은 예수님이 통치하실 미래시대를 위한 것이라고 말합니다. 그러므로 예수님의 가르침은 오늘날 우리를 위한 것이 아니라고 합니다. 세대주의적 접근은 정의 justice보다는 예언에 더 많은 강조점을 두고 성서가 드러내고 싶어하는 메시지인 예수님께 합당한 권위를 부여하지 않기 때문에 오늘을 사는 우리에게 적합한 안내를 제공하지 못합니다.

c. 기독론적 접근 The Christological approach

기독론적 접근은 신약성서가 하나님과 인간 사이의 새로운 언약에 기초를 두고 있다고 말합니다. 이 접근은 구약성서는 오실 예수를 바라고 있으며 그리스도는 성서의 중심이라고 가르칩니다. 그러나 불행히도, 이 기독론적 접근은 그리스도와 십자가 위에서 그리스도가 이루신 새 언약을 이해하는데 한계가 있습니다. 기독론적인 접근은 예수의 가르침과 삶과 사역에 대해 그 각각의 원래의 의미에 관심을 두지 않기 때문에 오늘날 우리에게 하나님과 하나님의 뜻을 완전하게 드러내지 못합니다.

d. 윤리적인 그리스도 중심론적 접근 The ethical, Christ-centered approach

이 성서해석방법은 하나님과 하나님의 뜻이 예수 그리스도 안에서 가장 명확하고 온전하게 계시되었다고 말합니다. 하나님께서 아브라함, 모세, 다윗 그리고 선지자들에게 자신을 계시하셨으나 하나님께서는 이 땅에 오신 예수 그리스도라는 인격 안에서 가장 온전하게 자기를 드러내셨습니다. 예수님은 하나님께 완전하게 순종하고 신실했으며, 오늘도 살아 역사하시는 하나님의 말씀입니다. 그리스도 중심적 접근은 글로 쓰인 성서가 하나님과 하나님의 뜻에 대해 알 수 있는 최종적인 자료이지만 예수님- 예수님의 삶, 가르침, 죽음, 그리고 부활과 같은-그 분 자체가 어떤 성서본문을 이해하고 해석하는데 있어서는 궁극적인 권위라고 말합니다. 예수님은 하나님과 하나님의 뜻에 대한 가장 완전한 계시이기에 모든 성서는 예수님의 영과 본성 안에서 읽히고 해석되어야 합니다.

3. 성서를 해석할 때에 최종적인 기준은 예수님입니다.

하나님께서 옛날에는 예언자들을 통하여, 여러 번에 걸쳐 여러 가지 방법으로 우리 조상들에게 말씀하셨으나, 이 마지막 날에는 아들을 통하여 우리에게 말씀하셨습니다. 하나님께서는 이 아들을 만물의 상속자로 세우셨습니다. 그를 통하여 온 세상을 지으신 것입니다. 그는 하나님의 영광의 광채시요, 하나님의 본체대로의 모습이십니다. 그는 자기의 능력 있는 말씀으로 만물을 보존하시는 분이십니다. 히브리서 1:1-3b

예수께서 다가와서, 그들에게 말씀하셨다. "나는 하늘과 땅의 모든 권세를 받았다. 마태복음28:18

"옛 사람들에게 말하기를 … 한 것을 너희는 들었다. 그러나 나는 너희에게 말한다. 마태복음 5:21, 27, 31, 33, 38, 43

예수님께서 궁극적인 권위이기 때문에 모든 성서는 예수님의 영과 본성에 의하여 해석되어져만 합니다. 만약 예수님이 여러분의 최종적인 권위라면 여러분은 성서로부터 일관성 있는 인도를 받게 될 것입니다. 구약성서에서 어려운 본문을 읽을 때, 여러분은 "예수님은 이런 상황에서 어떻게 가르쳤고 행동하셨을까"라고 묻게 될 것입니다.

성서에 대한 해석이 예수님의 영과 본성과 가르침을 부정하거나 모순되어서는 안 됩니다. 만약 서로 상반되는 두 개의 성서 구절이 있다면 예수님께서 그것에 대해 판결하게 해야 합니다. 우리 교회는 이 윤리적이고 그리스도 중심적 성서 해석법을 여러분에게 추천합니다.

토의를 위한 부분

여러분은 성서를 읽을 때, 같은 성서 구절에 대해 다른 접근법으로 해석한 경험이 있었습니까? 만약 여러분이 윤리적, 그리스도중심 접근법을 사용한다면, 여러분은 시편 3편 7절 말씀을 어떻게 해석하시겠습니까?

주님, 일어나십시오. 나의 하나님, 이 몸을 구원해 주십시오. 아, 주님께서 내 모든 원수들의 뺨을 치시고, 악인들의 이를 부러뜨리셨습니다. 시3:7

어떻게 성서를 연구해야 합니까?

그대는 진리의 말씀을 올바르게 가르치는 부끄러울 것 없는 일꾼으로 하나님께 인정을 받는 사람이 되기를 힘쓰십시오. 디모데후서2:15

여러분이 다른 사람들에게 가르치거나 더 깊은 이해를 위하여 성서본문을 연구할 때, 3단계 귀납적 연구방식 inductive study method 을 사용해보도록 권합니다. 성서 연구의 어떤 부분은 혼자서 할 수도 있습니다. 그러나, 우리는 성서를 정확하게 해석하고 분별하기 위해 신자들의 몸인 공동체와 성령이 필요하다고 믿습니다. 개인적인 성서연구는 신자들의 그룹이 함께 성서를 연구함으로 균형을 맞추는 작업이 필요합니다.

1. 관찰하기: 무엇을 말하고 있습니까?

- 읽는 본문에 대한 편견을 갖지 않고 새롭게 읽는 것처럼 신선한 안목으로 본문이나 이야기를 읽으십시오. 여러 분 자신의 본문에 대한 추측이나 편견은 잠시 내려놓고 읽으시기 바랍니다.

- 어떤 형식으로 써졌습니까? 시 poetry 인가요? 이야기인가요? 비유인가요?

- 손에 연필을 들고 본문의 배경이 되는 시대에 특별했거나 혹은 현대와는 다른 의미를 가질 수 있는 단어나 구절에 밑줄을 그으면서 본문을 다시 읽으십시오. 성서읽기와 성서를 연구하는 것의 차이점은 성서를 연구할 때는 연필을 사용한다는 점입니다.

- 5가지, 10가지 또는 20가지의 관찰내용을 적으십시오. 본문 안에서 '누가, 무엇을, 어디서, 어떻게'에 해당하는 것을 적어보십시오.

2. 해석하기: 첫 번째 독자에게 어떤 의미가 있었을까요?

- 읽은 성서본문의 첫 번째 독자들에게 그 독자들의 상황 속에서 어떻게 본문이 이해되었을까를 생각해 보십시오.

- 역사 안에서 그 시대의 관습이나 문화를 이해하기 위해 밑줄 친 단어들을 성서사전에서 찾아보십시오.

- 지금 읽은 본문이 그 첫 독자들에게 어떤 의미가 있었는지 여러분의 생각을 간단하게 적어보십시오.

3. 적용하기: 여러분에게는 무슨 의미가 있습니까?

말씀을 행하는 사람이 되십시오. 그저 듣기만 하여 자신을 속이는 사람이 되지 마십시오. 야고보서 1:22

- 성서 본문에서 알게 된 원칙, 진리, 예들을 여러분의 삶에 적용해 보십시오. 본문을 통해 여러분이 믿고 행하기로 작정한 것들을 간단하게 적어

보십시오. 이것이 성서연구의 가장 중요한 목적입니다!
- 여러분이 본문에서 깨달은 진리를 적용하기 위해서 해야할 행동을 적어 보십시오.
- 예수님의 영 안에서 그 내용을 실천하겠다고 결단하십시오.
- 여러분이 배운 것에 대해 순종하십시오. 우리가 이미 깨달은 내용들은 실천한 이후에야 더 깊은 통찰력을 얻을 수 있을 것입니다.

'적용을 위한 다리The Application Bridge'는 성서를 적용하는 첫 번째 단계입니다. 성서의 첫 독자들이 어떻게 그 본문을 그 시대와 문화 안에서 그 본문을 이해했는가를 보여줍니다. 성서 본문에 사용된 단어와 관습의 원래 의미를 연구하기 위해서 성서사전을 사용하십시오.

우리는 현재-지금- 상황에서 본문들을 적용하기 위해 다리를 건너야 합니다. 여러분의 이름이나 상황을 본문에 대입함으로써 본문을 자신의 이야기로 적용해 보십시오. 본문이 여러분에게 특별히 생각하고, 느끼고, 행동하도록 요구하고 있는 것이 무엇인지를 말해보십시오.

읽기에서 적용으로

그 당시 그 곳에서	지금 여기서
관찰하십시오.	시간을 초월한 원리를 분별하십시오.
그들의 상황을 분석하십시오.	여러분의 상황을 분석하십시오.
당시의 관습을 연구하십시오.	자신의 상황에 맞추고 적용하십시오.

토의를 위한 부분

적용을 위한 다리모델을 위해 위의 3가지 단계를 밟으며 마태복음 5:23-24을 함께 공부해 보십시오. 그 이후에, 여러분의 생각을 서로 나누십시오.

여러분은 매일 성서 읽기에 헌신할 준비가 되었습니까?

"또 누구든지 계명을 행하며 가르치는 사람은, 하늘나라에서 큰 사람이라고 일컬어질 것이다." 마태복음 5:19b

매일 성서를 읽기로 약속하기

나는 매일 성서를 읽기로 약속합니다.

나는 _____ 으로 시작하겠습니다.
　　　　일반서적이나 큐티책(하나님나라QT, 매일성경 등)

나는 정기적으로 _____ 에서 _____ 시간 성서를 읽
　　　　　　　　　　　　장소

겠습니다.

　　　　　　　　　　　　서명 _____

　　　　　　　　　　　　날짜 _____

하나님, 저는 성서읽기를 통해 하나님의 인도하심을 받기를 기대합니다.
제가 받을 영감과 인도하심에 미리 감사를 드립니다.
이 헌신에 신실할 수 있도록 저를 도와주십시오.
예수님 이름으로 기도합니다.
아멘.

2장. 기도를 통해 영적으로 성숙하기

소망을 품고 즐거워하며, 환난을 당할 때에 참으며,
기도를 꾸준히 하십시오. 로마서 12:12

기도 없는 종교는 어디에도 없습니다. 기도는 하나님과 교제하는 영적인 실제이고 방법입니다. 기도는 하나님과 대화하는 것입니다.

왜 기도해야 합니까?

1. 기도는 하나님과 교제하는 기본적인 방법입니다.

　우리가 하나님과 사귀고 있다고 말하면서, 그대로 어둠 속에서 살아가면, 우리는 거짓말을 하는 것이요, 진리를 행하지 않는 것입니다. 요한일서 1:6

2. 기도를 통하여 우리는 하나님의 인도함을 받습니다.

　여러분 가운데 누구든지 지혜가 부족하거든, 모든 사람에게 아낌없이 주시고 나무라지 않으시는 하나님께 구하십시오. 그리하면 받을 것입니다. 야고보서 1:5

3. 기도는 우리가 우리 자신을 하나님과 하나님의 뜻에 순종하게 하는 방식입니다.

　네 갈 길을 주님께 맡기고, 주님만 의지하여라. 주님께서 이루어 주실 것이다. 시편 37:5

4. 기도는 우리의 생각과 감정을 표현하도록 돕습니다.

여러분의 생각과 느낌을 하나님께 당신이 할 수 있는 한 정직하게 표현하십시오. 하나님을 감동시키려고 애쓰지 마십시오. 하나님에게 거짓말하지 마십시오. 하나님께서는 이미 여러분의 생각과 감정을 알고 있습니다!

> 하나님, 나를 샅샅이 살펴보시고, 내 마음을 알아주십시오. 나를 철저히 시험해 보시고, 내가 걱정하는 바를 알아주십시오. 내가 나쁜 길을 가지나 않는지 나를 살펴보시고… 시편139:23-24

5. 기도는 어려움에 처한 사람을 위해 하나님께 간구하는 것입니다.

> 그러므로 나는 무엇보다도 먼저, 모든 사람을 위해서 하나님께 간구와 기도와 중보 기도와 감사 기도를 드리라고 그대에게 권합니다. 왕들과 높은 지위에 있는 모든 사람을 위해서도 기도하십시오. 그것은 우리가 경건하고 품위 있게, 조용하고 평화로운 생활을 하기 위함입니다. 디모데전서 2:1-2

기도하기 좋은 시간은 언제입니까?

1. 성서를 읽은 후에 기도하십시오.

> 하나님의 율법책이 낭독될 때에, 그들이 통역을 하고 뜻을 밝혀 설명하여 주었으므로, 백성은 내용을 잘 알아들을 수 있었다. 백성은 율법의 말씀을 들으면서, 모두 울었다… 느헤미야8:8, 9

하나님께서 성서를 통해 여러분에게 말씀하도록 하십시오. 그리고 기도 안에서 하나님의 인도하심에 반응하십시오.

2. 일기를 쓴 후 기도하십시오.

읽기를 쓰는 것은 자기 반성을 위해 자신의 생각과 느낌을 기록하는 한 형식입니다. 가끔, 성서는 각 성서의 저자가 하나님과 만난 후에 저자가 느꼈던 회고록self-reflection 입니다. 오늘날 많은 사람들은 일기를 기도에 대한 훌륭한 준비라고 생각합니다.

일기를 쓸 때, 매일 깨끗한 종이 한 장을 꺼내십시오. 그리고 맨 위에 "어제"라고 쓰십시오. 어제의 경험을 떠 올려 보세요. 여러분은 어제 무엇을 했고, 무엇을 생각했고, 무엇을 느꼈나요? 여러분은 어제 어떤 결정을 하셨습니까? 여러분은 성령의 임재나 인도나 능력을 경험했습니까? 그렇다면 어디서 어떻게 경험했습니까? 이제, 여러분의 생각과 느낀 것을 따라 기도하십시오.

3. 용서를 구해야 할 때 기도하십시오.

우리가 우리 죄를 자백하면, 하나님은 신실하시고 의로우신 분이셔서, 우리 죄를 용서하시고, 모든 불의에서 우리를 깨끗하게 해주실 것입니다. 요한일서 1:9

기도 가운데 드려진 정직한 고백은 우리를 용서로 이끕니다. 여러분이 하나님의 뜻에 어긋나게 생각했던 것, 말했던 것, 또는 행동했던 것을 고백하십시오. 그리고 용서를 구하십시오.

4. 여러분이 감사함을 느낄 때 기도하십시오.

가장 높으신 하나님, 주님께 감사를 드리며, 주님 이름을 노래하는 것이 좋습니다. 시편 92:1

식사 전에 하나님이 주신 것에 대한 감사의 말을 표현하십시오. 하나님의 임재나 능력을 경험했을 때, 감사하십시오.

5. **특별한 어려움이 있을 때 기도하십시오.**

여러분의 걱정을 모두 하나님께 맡기십시오. 하나님께서는 여러분을 돌보고 계십니다. 베드로전서 5:7

하나님께 우리의 어려운 상황을 나누는 것은 우리가 인도함을 받는데 도움을 줍니다. 예수님은 끊임없이 우리를 위해 중보기도 하십니다. 그리고 예수님은 우리를 위해 항상 최선의 것이 있기를 구하십니다. 우리는 또한 다른 이들을 위해서도 최선의 것이 있기를 구합니다. 그래서 우리는 다른 이들을 위해 중보기도 해야 합니다.

기도하기 좋은 장소는 어디입니까?

1. **개인적인 공간에서 기도하십시오.**

예수께서는 외딴 데로 물러가서 기도하셨다. 누가복음 5:16

아침에 경건을 시간을 가지는 동안이나 출근하거나 학교에 가기 전에 기도할 수 있는 조용한 공간을 찾으십시오. 잠들기 전 밤에, 침대에서 무릎을 꿇고 기도할 수 있습니다. 쉬는 날이나 주말에 기도실이나 하나님이 가까이 느껴지는 장소에서 기도로 시간을 보낼 수 있습니다.

2. **사람들 앞에서 기도하십시오. 그러나 보이기 위해서 하지 마십시오.**

"너희는 기도할 때에, 위선자들처럼 하지 말아라. 그들은 사람들에게 보이려고, 회당과 큰 길 모퉁이에 서서 기도하기를 좋아한다…" 마태복음 6:5

예배 시간 동안에 기도서나 찬송가에 있는 글귀를 깊이 묵상해 보십시오. 목사님의 기도를 여러분의 기도가 되게 해보십시오. 여러분이 모임 또는 교회에서 기도해 달라는 부탁받았을 때, 그 모임 또는 교회가 가지고 있는 '어려움

'기도제목'들을 솔직하게 기도하세요

3. 어려운 상황에 처한 사람들이 있는 곳에서 기도하십시오.

> 두 사람은 내려가서, 사마리아 사람들이 성령을 받을 수 있게 하려고, 그들을 위하여 기도하였다. 사도행전 8:15

어떻게 기도합니까?

많은 사람들이 약자인 A.C.T.S를 통해서 자신의 매일 기도생활이나 공적인 기도 시간에 필요한 인도와 균형감을 얻을 수 있다고 말합니다. A.C.T.S는 Adoration경배, Confession고백, Thanksgiving감사, Sincere desire진실한 간구의 약자입니다.

매일, 깨끗한 종이 한 장을 꺼내서 네 부분으로 나누어 선을 긋습니다. 각 부분에 A,C,T,S라고 이름을 붙입니다. 그리고 각 글자가 하나님께 표현하는 내용-주를 위한 경배, 고백, 감사, 간구-에 대한 단어나 문장을 씁니다. 좀 더 자세하게 설명해 보겠습니다.

- **경배**

> "… 보좌에 앉으신 분과 어린 양께서는 찬양과 존귀와 영광과 권능을 영원 무궁 하도록 받으십시오!" 요한계시록 5:13b

경배는 하나님이 누구신가에 대해 여러분의 존경과 찬양을 하나님께 표현하는 것입니다. 하나님에 대해 묘사할 수 있는 15가지 단어가 아래에 있습니다. 매일 여러분의 상황과 필요에 따라 다음에 있는 하나님의 성품 중 하나를 고르십시오. 그리고 여러분이 어떻게 하나님을 경험했는지에 대한 여러분의 찬양과 존경심을 표현하는 단어나 문장을 쓰십시오.

☐ 공급하시는 분   ☐ 목자   ☐ 치유자
☐ 용서하시는 분   ☐ 권세자   ☐ 평화를 주시는 분
☐ 교사   ☐ 구원자   ☐ 주님/ 감독자
☐ 안내자   ☐ 변호자   ☐ 악한 세력에 승리하신 분
☐ 진리의 계시자   ☐ 격려자   ☐ 어려움 중에 함께하시는 분

_____   _____   _____

- **고백**

  하나님, 나를 샅샅이 살펴보시고, 내 마음을 알아주십시오. 나를 철저히 시험해 보시고, 내가 걱정하는 바를 알아주십시오. 내가 나쁜 길을 가지나 않는지 나를 살펴보시고… 시편 139:23-24

  여러분의 마음속에 떠오르는 어떤 죄, 생각, 염려 등을 고백하는 단어나 글을 쓰십시오. 이 때는 여러분이 정직해야 할 시간입니다!

- **감사**

  우리가 우리 하나님 앞에서, 여러분 때문에 누리는 모든 기쁨을 두고, 여러분을 생각해서, 하나님께 어떠한 감사를 드려야 하겠습니까? 데살로니가전서 3:9

  여러분의 감사를 표현할 단어나 문장을 쓰십시오:
  - 여러분의 삶을 축복한 사람들
  - 여러분의 삶이나 섬김 가운데에 하나님께서 하신 일들
  - 여러분이 사용하는 창조물과 자원들
  - 여러분의 구원, 양자됨, 영원한 소망과 영적인 은사들
  - 가족, 친구, 그리고 특별한 관계들
  - 여러분의 신체적 건강, 일할 수 있는 기회, 기타 등

- **진실한 간구** Sincere desire

    "구하여라, 그리하면 하나님께서 너희에게 주실 것이다. 찾아라, 그리하면 너희가 찾을 것이다. 문을 두드려라, 그리하면 하나님께서 너희에게 열어 주실 것이다." 마태복음 7:7

    … 그리스도 예수는 죽으셨지만 오히려 살아나셔서 하나님의 오른쪽에 계시며, 우리를 위하여 대신 간구하여 주십니다. 로마서 8:34

기도는 영혼의 진실한 간구입니다. 그 날 여러분이 가진 진실된 육체적, 사회적, 물질적 혹은 영적인 필요에 대해 하나님께 아뢰거나, 단어나 문장이나 문단을 써보십시오. 다른 사람들을 위한 염려 기도제목도 포함시키십시오. 여러분의 진실한 간구의 내용들을 살펴보십시오. 그리고, 하나님의 뜻에 여러분의 뜻을 맞추려고 노력하십시오.

그외 기도하는 다른 방법이 있습니까?

우리는 예수님께서 하나님과 우리의 중재자인 것을 믿습니다. 예수님은 우리의 기도를 듣습니다. 우리를 위해 하나님께 중보기도 합니다. 우리를 대신해서 구합니다 여러분이 중보기도를 어떻게 하는 지 도움이 필요하다면, 여러분은 다음 단계를 따라가면서 도움을 받을 수 있을 것입니다.

1. 기도목록을 만드십시오.

여러분이 정기적으로 중보하길 원하는 사람의 목록을 만드십시오. 여러분은 하나님께서 이 사람들을 인도하심, 건강과 또 다른 은사로 축복하길 구합니다. 이 대상에 여러분의 "원수"도 포함하십시오.

매주 다른 그룹의 사람들을 위해 기도하도록 하십시오.

예를 들면 다음과 같이 여러분은 중보기도할 수 있습니다. :

- 월요일: 가족을 위하여
- 화요일: 동료들을 위하여
- 수요일: 친구와 이웃을 위하여
- 목요일: 더 많은 은혜가 필요한 사람들을 위하여
- 금요일: 공적인 지도자들을 위하여
- 토요일: 선교사들을 위하여
- 일요일: 여러분의 목사님, 리더들, 교사들을 위하여

2. 포괄적인 기도나 "파장형 기도 ripple prayer"를 하십시오.

> 그러므로 나는 무엇보다도 먼저, 모든 사람을 위해서 하나님께 간구와 기도와 중보 기도와 감사 기도를 드리라고 그대에게 권합니다. 왕들과 높은 지위에 있는 모든 사람을 위해서도 기도하십시오. 그것은 우리가 경건하고 품위 있게, 조용하고 평화로운 생활을 하기 위함입니다. 디모데전서 2:1-2

여러분이 더 집중해서 또는 더 오랜 시간 동안 기도하기 원하는 때가 있을지도 모릅니다. 여러분은 여러분의 기도가 조용한 물웅덩이에 돌멩이가 떨어졌을 때 생기는 잔물결과 같이 생각할 수 있습니다. 가운데에서 시작하여 퍼지는 물결처럼, 여러분은 "예, 주님, 이것이 우리끼리의 형식입니다."라고 말할 수 있을 때까지 여러분 자신을 위해 기도하십시오. 그리고 나서 여러분의 가족, 이웃을 위해 기도하십시오. 이 다이어그램은 다음과 같습니다:

- 자신
- 가족
- 친구와 이웃
- 도시
- 나라들

3. 여러분의 기도제목과 응답을 기록하십시오.

아래의 패턴을 사용하실 수 있습니다.

순서	간구한 내용	간구한 날짜	응답된 내용	응답된 날짜
1				
2				
3				

토의를 위한 부분

매일 기도생활을 통하여 하나님의 인도와 도움을 구하는데 있어서 어떤 질문이나 의견을 가지고 있습니까? 제시되었던 여러 모형 중에서 어떤 형식이 여러분이 하는 기도의 필요에 와 닿았습니까?

여러분은 기도에 규칙적으로 헌신할 준비가 되었습니까?

매일 기도하는 것에 대해 약속하기

저는 매일 기도생활에 헌신합니다.

저는 _____에서 _____시에 주로 기도할 것입니다.

저는 아래의 가이드를 이용할 것입니다.

☐ A.C.T.S 형

☐ 파장형 기도

☐ 기타

서명 _____

날짜 _____

하나님
저는 하나님과 교제하길 원하며 주님의 인도하심을 받기 원합니다.
기도를 통하여 이 교제의 시간과 인도하심을
느끼게 해 주셔서 감사드립니다.
예수님의 이름으로 기도합니다.
아멘

3장. 아낌없는 나눔⁴을 통해 영적으로 성숙하기

넉넉히 나눌 수 있는 사람이 되기 위해 가장 중요한 것은 하나님께서 당신을 하나님나라를 위해 사용하시도록 하기 위해서 먼저 여러분 자신을 하나님께 드리는 것입니다.

"너희는 먼저 하나님나라와 하나님의 의를 구하여라. 그리하면 이 모든 것을 너희에게 더하여 주실 것이다." 마태복음 6:33

하나님의 뜻을 따라서 먼저 자신들을 주님께 바치고, 우리에게 바쳤습니다. 고린도후서 8:5b

예수님은 하나님나라를 선포하고 그 나라를 다스리시기 위해 오셨습니다. 우리는 하나님나라를 선포하고 흥왕하게 하는 것에 가장 우선순위를 가져야만 합니다. 풍성한 나눔은 하나님나라에 우선순위를 두기 위하여 우리 자신을 훈련시키는 한 가지 방법입니다. 여러분의 수입의 일부를 십일조라고 하고, 그 수업의 일부를 드리는 것이 여러분이 줄 수 있는 방법입니다.

십일조에 대해 성서는 어떻게 말하고 있습니까?

1. 구약성서에서 하나님은 십일조를 명령합니다.

땅의 십분의 일 곧 땅에서 난 것의 십분의 일은, 밭에서 난 곡식이든지, 나무에 달린 열매이든지, 모두 주에게 속한 것으로서, 주에게 바쳐야 할 거룩한 것이다. 레위기 27:30

2. 신약성서에서 예수님께서 십일조에서 이야기하셨습니다.

    "너희는 박하와 회향과 근채의 십일조는 드리면서, 정의와 자비와 신의와 같은 율법의 더 중요한 요소들은 버렸다. 그것들도 소홀히 하지 않아야 했지만, 이것들도 마땅히 행해야 했다." 마태복음 23:23b

3. 십일조는 여러분의 수입을 어떻게 사용할지에 대한 가이드를 제공합니다.

    저마다 주 당신들의 하나님으로부터 받은 복에 따라서 그 힘대로 예물을 가지고 나아가야 합니다. 신명기 16:17

4. 풍성하게 준다는 것은 하나님께 대한 여러분의 감사와 충성심을 표현합니다.

    주 당신들의 하나님이… 오늘 이렇게 재산을 모으도록 당신들에게 힘을 주셨음을, 당신들은 기억해야 합니다. 신명기 8:18

    사람이 하나님의 것을 훔치면 되겠느냐? 그런데도 너희는 나의 것을 훔치고서도 '우리가 주님의 무엇을 훔쳤습니까?' 하고 되묻는구나. 십일조와 헌물이 바로 그것이 아니냐! … 너희는 온전한 십일조를 창고에 들여 놓아, 내 집에 먹을거리가 넉넉하게 하여라. 이렇게 바치는 일로 나를 시험하여, 내가 하늘 문을 열고서, 너희가 쌓을 곳이 없도록 복을 붓지 않나 보아라. 말라기 3:8, 10

5. 풍성하게 준다는 것은 가난한 사람들을 위한 하나님의 사랑을 표현합니다.

    여러분은 이 은혜로운 활동에서도 뛰어나야 할 것입니다.… 여러분의 사랑도 진실하다는 것을 확인하려고 하는 것뿐입니다. 고린도후서 8:7b, 8b

왜 주어야 합니까?

1. **주는 것은 하나님의 성품을 반영합니다.**
   하나님께서 세상을 이처럼 사랑하셔서 외아들을 주셨으니, 요한복음 3:16a

2. **주는 것은 여러분을 하나님과 하나님의 사역에 더 가까이 이끕니다.**
   "너의 보물이 있는 곳에, 너의 마음도 있을 것이다." 마태복음 6:21

3. **일정한 비율로 주는 것은 여러분이 계획하도록 돕습니다.**
   너의 재산과 땅에서 얻은 모든 첫 열매로 주님을 공경하여라. 잠언 3:9

   변함없이, 하나님을 위해 일정한 비율을 드리고자 계획할 때, 그렇게 드리는 사람들은 또한 수중의 나머지 돈을 어떻게 써야하는지도 계획합니다. 그 사람들은 원하는 것과 필요한 것들의 차이를 배우고, 하나님께 무엇을 드려야 하고, 무엇을 써야 하고, 무엇을 아낄 수 있어야 하는지를 분별하게 됩니다.

4. **여러 어려움이 있는 상황에서 나누는 것은 하나님을 신뢰하는 믿음을 더욱 강하게 해 줍니다.**
   너의 마음을 다하여 주님을 의뢰하고, 너의 명철을 의지하지 말아라. 잠언 3:5

   그대는 이 세상의 부자들에게 명령하여… 아낌없이 베풀고, 즐겨 나누어 주라고 하십시오. 그렇게 하여 … 참된 생명을 얻으라고 하십시오. 디모데전서 6:17-19

5. **풍성하게 주는 것은 정의를 위해 일하고, 가난한 사람의 필요를 채우는**

방법입니다.

… 선을 행하고, 좋은 일을 많이 하고, 아낌없이 베풀고, 즐겨 나누어주라. … 디모데전서 6:18

6. 주는 것은 영원한 삶에 투자하는 것입니다.

그렇게 하여, 앞날을 위하여 든든한 기초를 스스로 쌓아서, 참된 생명을 얻으라고 하십시오! 디모데전서 6:19

언제 주어야 합니까?

1. 정기적으로 줍니다.

매주 첫날에, 여러분은 저마다 수입에 따라 얼마씩을 따로 저축해 두십시오. … 고린도전서 16:2a

매주나 매달 시작할 때, 선물을 주는 것을 염두하십시오. 미리 매주나 매달 줄 예산을 정하는 것은 여러분이 예배를 드리기 위해 교회를 갈 수 없을 때에도 지속적으로 드리도록 해줍니다. 은행의 자동이체를 해 두는 것도 여러분이 정기적으로 드리도록 도움을 주는 또 다른 방법입니다.

2. 여러분이 특별한 수입이 생겼을 때 주는 것을 생각합니다.

너의 재산과 땅에서 얻은 모든 첫 열매로 주님을 공경하여라. 잠언 3:9

첫 열매를 드릴 수 있도록 고려해 보십시오. 이것은 첫 봉급이나 매 봉급의 첫 부분을 하나님께 드리는 것을 의미합니다.

어디서 주어야 합니까?

1. 여러분이 예배하는 곳에서 여러분에게 주신 가장 기본적인 선물을 드리십시오.

   너희는 온전한 십일조를 창고에 들여 놓아, 내 집에 먹을거리가 넉넉하게 하여라 말라기3:10a

2. 필요가 있는 곳에 여러분이 할 수 있는 한 풍성하게 주십시오.

   "너희는, 내가 주릴 때에 내게 먹을 것을 주었고, 목마를 때에 마실 것을 주었으며, 나그네로 있을 때에 영접하였고, 헐벗을 때에 입을 것을 주었고, 병들어 있을 때에 돌보아 주었고, 감옥에 갇혀 있을 때에 찾아 주었다." 마태복음25:35-36

3. 신뢰할 만한 기관을 통해 주십시오.

   여러분의 교회는 여러분 지역의 교회를 돕고 세계의 필요를 알려 주는 신뢰할 만한 교회 사역의 넓은 네트워크와 연결되어 있습니다. 여러분의 목회자는 여러분이 이런 나눔을 할 수 있도록 도울 수 있습니다.

얼마나 주어야 합니까?

1. 할 수 있는 대로 많이 주십시오.

   … 그들은 힘이 닿는 대로 구제하였을 뿐만 아니라, 오히려 힘에 지나도록 자원해서 하였습니다. 그들은 성도들을 구제하는 특권에 동참하게 해 달라고, 우리에게 간절히 청하였습니다. 고린도후서8:3-4

   여러분이 얼마나 조금 나눌 수 있는가를 계산하기 보다는, 그리스도와 교회를 위한 계속되는 사역에 가능한 많이 나누어 주십시오.

2. 수입에 따라서 누진 십일조를 드리는 것을 생각해 보십시오.

매주 첫날에, 여러분은 저마다 수입에 따라 얼마씩을 따로 저축해 두십시오. 그래서 내가 갈 때에, 그제야 헌금하는 일이 없어야 할 것입니다. 고린도전서 16:2

누진 십일조는 소득 수준에 따라 비율을 조정하는 방식입니다. 어려운 사람은 3%를, 부자는 30% 이상을 낼 수 있습니다. 매년 소득의 1%씩 십일조를 늘려가는 방법도 가능합니다.

처음 시작할 때 월급의 10%, 혹은 기초생활수급자들이 받는 금액 정도를 헌금으로 내는 분들이 계십니다. 그다음에는 백만원, 혹은 천만원 당 10%를 추가로 내는 방식으로 추가 소득을 전부 다 나누는 데까지 나아갑니다.[5]

예를 들어, 수입이 낮은 어떤 사람들은 처음에는 자기들이 받는 전체 월급의 기본급의 10% 나 기초생활지원자들에게 주어지는 최저시급정도의 10% 정도를 드리면서 십일조를 시작할 수 있습니다. 그리고 차츰 자기들의 모든 추가된 수입을 전부 드릴 수 있는 때까지 백만원의 10%, 천만원의 10%를 더 드릴 수 있습니다.

3. 연보 offering를 한다는 것은 넘치는 부분을 준다는 것입니다.

"… 잘했다! 착하고 신실한 종아. 네가 적은 일에 신실하였으니, 이제 내가 많은 일을 네게 맡기겠다. 와서, 주인과 함께 기쁨을 누려라!" 마태복음 25:21
여러분은 모든 일에 있어서 뛰어납니다. 곧 믿음에서, 말솜씨에서, 지식에서, 열성에서, 우리와 여러분 사이의 사랑에서 그러합니다. 여러분은 이 은혜로운 활동에서도 뛰어나야 할 것입니다. 고린도후서 8:7

"연보"는 여러분의 정기적인 계획 외에 추가적으로 내는 것을 의미합니다.

4. 예산안이란 지출계획입니다.

"…누가 망대를 세우려고 하면, 그것을 완성할 만한 비용이 자기에게 있는 지를, 먼저 앉아서 셈하여 보아야 하지 않겠느냐" 누가복음 14:28

누구든지 자기 친척 특히 가족을 돌보지 않으면, 그는 벌써 믿음을 저버린 사람이요, 믿지 않는 사람보다 더 나쁜 사람입니다. 디모데전서 5:8

예산안은 여러분이 좋은 청지기로서 수입을 지출하게 도와줍니다. 그것은 여러분이 수입 내에서 살 수 있도록 돕습니다. 게다가 여러분의 가족의 필요와 다른 사람들의 진짜 필요를 충족시키도록 도와줄 것입니다.

어떤 태도로 주어야 합니까?

1. 자발적으로 드리십시오.

각자 마음에 정한 대로 해야 하고, 아까워하면서 내거나, 마지못해서 하는 일은 없어야 합니다. 고린도후서 9:7a

2. 기쁘게 드리십시오.

하나님께서는 기쁜 마음으로 내는 사람을 사랑하십니다. 고린도후서 9:7b

3. 기대감으로 드리십시오.

요점은 이러합니다. 적게 심는 사람은 적게 거두고, 많이 심는 사람은 많이 거둡니다. 고린도후서 9:6

풍성한 나눔이 여러분을 부자가 되게 할까요?

1. **구약성서는 여러분이 만약 신실하고 순종적이면 하나님께서 축복하고 잘 살게 해 줄 것이라고 말합니다. 반대로 여러분이 신실하지 않고 불순종하게 되면 저주를 받을 것입니다.**

   당신들이 주 당신들의 하나님의 말씀에 순종하면, 이 모든 복이 당신들에게 찾아와서 당신들을 따를 것입니다 … 그러나 당신들이 주 당신들의 하나님의 말씀을 듣지 않고, 또 내가 오늘 당신들에게 명한 모든 명령과 규례를 지키지 않으면, 다음과 같은 온갖 저주가 당신들에게 닥쳐올 것입니다. 신명기 28:2, 15

2. **신약성서는 여러분이 신실하고 순종적일지라도 잘 살지 못할 수 있다고 말합니다.**

   의인은 잘 살게 되고 불의한 사람은 그렇지 않다는 말이 꼭 들어맞지는 않습니다. 사실 여러분은 의로운 일로 인해 고통 받을 때도 있습니다. 그러나 우리에게는 신실한 사람이 영원한 상을 받게 될 것이라는 약속이 있습니다.

   시험을 견디어 내는 사람은 복이 있습니다. 그 사람은 그의 참됨이 입증되어서, 생명의 면류관을 받을 것이기 때문입니다. 그것은 하나님을 사랑하는 사람들에게 약속된 것입니다. 야고보서 1:12
   "의를 위하여 박해를 받은 사람은 복이 있다. 하늘 나라가 그들의 것이다." 마태복음 5:10

토의를 위한 부분

넉넉하게 재정을 나누는 일에 대하여 어떤 질문이나 하실 이야기가 있습니까? 여러분이 최근 사용하고 있는 나눔의 방법은 어떤 것입니까? 여러분은 주는 것이 여러분의 영적 성장의 일부로서 만들기 위해서 나눔에 대해 어떤 목표를 세우고 있습니까? 풍성한 줌을 위해 헌신할 준비가 되었습니까?

풍성한 나눔줌에 대한 나의 헌신

나는 재정생활에서 하나님나라에 우선순위를 두기로 헌신합니다.

나는 기쁘게 주기로 약속합니다:

교회를 통해서 하나님께 내 수입의 _____%를 드립니다.

다른 자선기관을 통해 내 수입의 _____%를 하나님께 드립니다.

전체의 ____%

서명 _____

날짜 _____

하나님, 주님은 저에게 매우 너그러우셨습니다.
제가 기쁘고 풍성하게 나눔으로
주님의 나라에 우선순위를 둘 수 있도록 도와주십시오.
예수님의 이름으로 기도합니다.

아멘

4장. 소그룹을 통해 영적으로 성숙하기

> "어떤 사람들의 습관처럼, 우리는 모이기를 그만하지 말고,
> 서로 격려하여 그 날이 가까워 오는 것을 볼수록, 더욱 힘써 모입시다."
> 히브리서 10:25

하나님께서 약속하신 교제를 누리며 서로 지지하며 격려할 수 있는 가장 좋은 곳은 소그룹 내에서입니다. 소그룹 안에서 그리스도의 명령을 따라 우리는 서로를 책임지며 사랑하며 살 수 있습니다. 이 장에서는 여러분과 여러분의 교회에 몇 가지 가이드라인을 제공합니다.

교회는 어떻게 구성되어 있습니까?

1. **하나님은 대그룹 모임과 소그룹 모임 둘 다를 통해서 항상 일해 오셨습니다.**

    모세는 온 이스라엘 사람 가운데서 유능한사람들을 뽑고, 그들을 백성의 지도자로 삼아, 천부장과 백부장과 오십부장과 십부장으로 세웠다. 출애굽기 18:25

    예수께서 무리를 보시고, 산에 올라가 앉으시니, 제자들이 그에게 나아왔다. 예수께서 입을 열어서 그들을 가르치셨다. 마태복음 5:1-2

    광야에서 모세는 많은 무리의 사람들을 대상으로 일하고 있었습니다. 그러나 이드로 장인이 그에게 작은 그룹으로 나누어서 일하라고 조언을 해 줍니다. 예수님도 5천명이나 그 이상의 군중들을 대상으로 일하시기도 했습니다. 그러

나 예수님은 다른 사람보다도 12명의 작은 그룹과 더 많은 시간을 보내셨을 겁니다.

교회가 가장 구체적이고 도움이 되는 것은 종종 소그룹 안에 있을 때입니다. 광범위한 연구 끝에, 일본의 학자 야마다 다카시 목사는 "초기 교회와 아나뱁티스트들의 독특함은 그들이 서로 얼굴과 얼굴을 맞대는 소그룹으로 만났기 때문이며 그것이 세상에 대해 직면할 수 있을 만큼 강한 사람들로 서로를 만들었다"고 말했습니다.

큰 그룹은 다음과 같습니다.
- 공식적인 모임
- 12명 이상
- 리더 또는 어떤 특별한 영역에 전념하는 사람들로 구성되어 있습니다.
- 예배, 교육 및 사명을 목적으로 합니다.

작은 그룹은 다음과 같습니다.
- 마주 앉아서 만나는 것을 의도한 모임
- 3명에서 12명 사이
- 정기적으로 일정에 따라 모입니다.
- 영적인 성장과 지원을 목적으로 합니다.

2. 건강한 교회는 두 날개를 가진 새와 같습니다.

그의 말을 받아들인 사람들은 침례세례를 받았다. 이렇게 해서, 그 날에 신도의 수가 약 삼천 명이나 늘어났다. 그들은 사도들의 가르침에 몰두하며, … 날마다 한 마음으로 성전에 열심히 모이고, 집집이 돌아가면서 빵을 떼며, 순전한 마음으로 기쁘게 음식을 먹고, 하나님을 찬양하였다. 그래서 그들은 모든 사람에게서 호감을 샀다. 주님께서는 구원받는 사람을 날마다 더하여 주셨다. 사도행전 2:41-47

노래, 설교, 기도가 있는 규모가 크고 열정적인 예배들은 하나님의 초월성위대하심과 신비을 강조하는 경향이 있는 반면, 나눔, 보살핌, 기도를 주로 하는 가정의 소그룹들은 하나님의 내재성가까이 계심을 강조하는 경향이 있습니다. 이 두 개의 날개는 똑같이 중요합니다.

소그룹은 교회의 기본 단위로 이해할 수 있습니다. "교회가 되기" 위해 필요한 모든 것은 소그룹에서 일어날 수 있습니다. 교회 전체 회중들은 소그룹들로 이루어진 네트워크입니다. 교단은 서로 함께 소통하는 회중들로 구성되어 있습니다.

3. 소그룹은 회중교회의 아주 중요한 목회 구조단위입니다.

회중교회에서는 모든 양이 각자를 위한 목자를 갖는 것을 목표로 합니다. 그렇기 때문에, 참석자들이 회중예배와 개별 필요에 따라 소그룹에 모두 참여하도록 격려합니다.

만약 어떤 사람이 좋은 목회적인 보살핌과 성장을 경험하고 싶다면, 그 사람은 소그룹에 참여해야 한다는 것이 우리의 생각입니다. 소그룹 인도자들은 참석자들 각자가 자신의 필요와 관심사에 맞는 사람들을 소그룹 안에서 찾도록 돕습니다.

90%의 사람들은 정신과 의사나 성직자가 아닌 동료 상담자들에 의해 자신의 문제를 가장 잘 해결합니다. 폴 투르니에

왜 우리는 소그룹으로 만나야 합니까?

1. 소그룹은 소속감을 제공해 줍니다.

    … 기회가 있는 동안에, 모든 사람에게 선한 일을 합시다. 특히 믿음의 식구들에게는 더욱 그렇게 합시다. 갈라디아서 6:10

2. 소그룹은 하나님의 임재와 인도하심을 경험하게 도와줍니다.

    "두세 사람이 내 이름으로 모여 있는 자리, 거기에 내가 그들 가운데 있다." 마태복음 18:20

3. 소그룹은 즐거움과 교제의 시간을 제공해 줍니다.

    … 집집이 돌아가면서 빵을 떼며, 순전한 마음으로 기쁘게 음식을 먹고, 하나님을 찬양하였다. 그래서 그들은 모든 사람에게서 호감을 샀다…… 사도행전 2:46-47a

4. 소그룹은 영적 성장을 도모합니다.

    경건함에 이르도록 몸을 훈련하십시오. 디모데전서 4:7b

5. 소그룹은 힘든 시기에 격려를 줍니다.

    서로 마음을 써서 사랑과 선한 일을 하도록 격려합시다. 히브리서 10:24

    여러분은 서로 남의 짐을 져 주십시오. 그렇게 하면 여러분이 그리스도의 법을 성취하실 것입니다. 갈라디아서 6:2

6. 소그룹은 더 많은, 그리고 더 나은 사역과 사명을 감당하도록 돕습니다.
각 사람은 은사를 받은 대로 하나님의 여러 가지 은혜를 맡은 선한 관리인으로서 서로 봉사하십시오. 베드로전서 4:10

7. 소그룹은 서로서로에게 책임 져주는 사람이 되도록 돕습니다.
'오늘'이라고 하는 그날그날, 서로 권면하여, 아무도 죄의 유혹에 빠져 완고하게 되지 않도록 하십시오. 히브리서 3:13

8. 소그룹멤버는 일상생활을 위한 조언을 서로서로에게 해 줍니다.
의논 없이 세워진 계획은 실패하지만, 조언자들이 많으면 그 계획이 이루어진다. 잠언 15:22

여러분의 그룹은 어떤 모습이어야 할까요?

1. 소그룹의 멤버십은 자발적입니다.
그룹들은 공통된 영역이나 지리적 위치, 관심 주제, 사역의 유형 또는 특별한 필요에 따라 만들어집니다.

2. 우정은 소그룹 안에서 형성됩니다.
여러분은 소그룹 안에서 서로 다른 배경이나 다른 연령대로 모일 수 있습니다. 그러나 만약 여러분들이 서로 정직하고 예수님의 영을 함께 나눈다면 여러분은 친구가 될 것입니다. 여러분은 관계의 친밀감과 교제를 위해 소그룹을 찾을 것입니다. 더 많은 친밀감을 나누기 위해서는 한 두 명의 사람을 그룹에서 찾게 될 것입니다.

여러분의 그룹은 언제 어디서 모여야 합니까?

… 날마다 한 마음으로 성전에 열심히 모이고, 집집이 돌아가면서 빵을 떼며, 순전한 마음으로 기쁘게 음식을 먹고, 사도행전 2:46

소그룹멤버들은 언제 어디서 만나야 할지 결정해야 합니다. 집이나 사무실, 식당, 편리한 곳 어디든지 만남의 장소가 될 수 있습니다. 하루나 한 주 중 어떤 시간대도 만나는 시간이 될 수 있습니다.

여러분은 그룹으로 모여 무엇을 합니까?

그룹들은 구성원들의 필요를 충족시키는데 도움을 줍니다. 따라서 각 그룹은 자신의 목적과 활동내용을 결정해야 합니다.

균형이 건강한 삶에 중요하듯이 건강한 그룹이 되기 위해 '균형'이 중요하다는 것을 우리는 여러 경험을 통해 압니다. 우리는 그룹 미팅의 4W 를 통해서 소그룹을 진행하는 데 있어서 균형을 찾을 수 있을 것입니다.

1. 환영

여러분의 그룹은 여러분이 속한 가족입니다. 서로에 대한 무조건적인 수용은 그룹 경험의 기본입니다. 따라서 각 멤버들은 따뜻한 환영을 받아야 합니다. 대개 따뜻한 환영에는 다과가 포함되어 있습니다.

그룹 미팅은 "오늘 무엇을 했습니까?" "마지막 휴가를 어디로 갔었나요?" 또는 "우리가 마지막으로 만난 이후 있었던 일 중 가장 좋은 일은 무엇입니까?"와 같은 사실과 느낌 모두를 포함하는 간단한 질문으로 다소 편안한 분위기로 시작할 수 있습니다. 회원들은 한두 문장으로 간단하게 대답할 수 있어야 합니다. 각자에 답에 대해서 판단하지 마십시오. 환영 시간은 짧지만 따뜻하게 이끌어야 합니다.

2. 예배

많은 그룹들이 작은 예배를 즐깁니다. 여러분은 합창, CCM, 찬송가 등을 부를 수 있습니다. 짧지만 간결한 시작 기도는 여러분의 모임을 깊은 하나님의 임재를 경험할 수 있게 하기도 합니다.

3. 말씀 연구

여러분의 그룹은 성서의 한 본문, 잡지 기사나 대화 소재거리와 같이 공동체가 고민하는 것을 다룬 내용을 통해 이 시간을 보낼 수 있습니다. 가르치는 것과 대화하는 것에는 차이가 있습니다. 어떤 수업에서 선생님이 일련의 강의 노트를 준비하는 것과 달리, 소그룹의 리더는 대화를 위해 3, 4개의 질문을 준비해야 합니다. 그룹 구성원들은 질문을 통해 새로운 것을 발견 합니다. 그리고, 이러한 발견에 대해 서로 대화를 나누도록 격려합니다. 대화가 끝나면 리더는 새롭게 발견되거나 깨닫게 된 내용을 요약할 수 있습니다.

4. 세계 나눔과 기도

모임을 마치기 전에 할 일이 있습니다. 우리 삶에서 일어나는 일들을 나누고, 함께 서로를 위해 기도하는 것입니다. 리더는 각 회원들에게 "우리가 어떻게 서로를 위해, 그리고 서로의 사역을 위해 기도할 수 있을까요?"라고 물으며 돌아가며 나누게 할 것입니다.

기도형태는 다양합니다. 그룹 멤버들은 각각의 사람들을 위해 침묵 속에서 기도할 수 있습니다. 리더는 여러분에게 오른쪽에 있는 사람을 위해 기도해 달라고 요청할 수도 있습니다. 리더는 참석자들을 위해 기도함으로써 모임을 마칩니다.

또한 여러분의 모임은 개인 사역 관련 또는 공동 그룹 프로젝트의 다음 단계에 대해 토론하면서 마칠 수 있습니다.

새로운 그룹은 어떻게 시작해야 합니까?

1. **파트너를 선택합니다.**

   여러분과 같은 관심사를 가진 사람과 팀을 이루십시오. 이 사람은 부 리더로 섬기게 될 것입니다. 그는 여러분이 없는 동안, 이 그룹을 이끌 수 있는 잠재력이 있어야 하고, 심지어 새로운 그룹을 시작할 수도 있는 사람이어야 합니다.

2. **첫 그룹 만남의 목적, 장소, 시간을 함께 결정합니다.**

3. **예비 모임에 초대할 3명에서 9명까지의 목록을 작성합니다.**

4. **첫 만남에서, 즐거운 시간을 즐긴 후, "우리가 정기적으로 만나는 것을 선택한다면" 이라는 질문을 던집니다.**
   - 우리의 목적은 무엇입니까?
   - 어디서, 언제, 얼마나 자주 만날까요?
   - 누가 우리의 리더입니까?
   - 자녀 돌봄, 간식, 출석에 대해 우리가 할 수 있는 일은 무엇입니까?

토의를 위한 부분

여러분은 어떤 소그룹경험이 있으십니까? 어떤 경험이 가장 좋았습니까? 여러분이 경험했던 어려움은 무엇이었습니까?

여러분은 소그룹에 헌신할 준비가 되었습니까?

소그룹 모임 참석에 대한 나의 헌신

나는 다른 신자들과 친밀하게 교제하기 원하며 상호책임을 지기로 헌신합니다:

- 신자들과 소그룹에서 정기적으로 만날 것입니다. 주 ____ 회, 월 ____ 회 만날 것입니다.

- 기도 중에 우리 그룹의 사람들을 기억하며 기도합니다.

- 멤버들에게 특별한 필요가 있을 때 그들과 함께 합니다.

- 이 그룹과 멤버들에게 책임감 있는 사람이 될 것입니다.

서명 _____

날짜 _____

하나님

나는 주님께서 나와 교제하기를 원하신다고는 것과 내가 다른 신자들과도 교제하기를 원하신다는 것을 알고 있습니다.

그러므로 나는 더 깊은 교제와 효과적인 섬김을 위해 그들과 함께 만날 것을 약속합니다.

나는 주님이 내가 그룹에 가입하거나 내가 충실한 참여자가 될 수 있는 새로운 그룹을 만드는데 도와주실 것을 믿습니다.

예수님 이름으로 기도합니다.

아멘

후주

1) 이 단원의 전반적인 구조와 내용은 캘리포니아 주 레이크 포레스트, 새들백 교회의 릭 워렌 목사가 지은 C.L.A.S.S(Christian Life and Service Seminars)를 각색한 것입니다.

2) 메노나이트에서 'practice'는 단순히 관습이나 몸으로하는 실천에 머물지 않습니다. 가톨릭에서 말하는 "성례전"이나 프로테스탄트의 "교회의 예식"과도 바꾸어 쓸 수 있습니다. 메노나이트의 'practice'는 그 예식이나 교회의 여러 가지 의식들이 단순히 이루어지는 것 뿐 아니라 그 "예식"의 의미가 삶으로 연계되는 것까지를 말하고 있습니다. 존 D. 로스가 쓴 『실천』(김복기역, 도서출판 대장간, 2019)은 책 한 권 전체가 이 내용을 잘 설명해 주고 있습니다.

3) 교회력에 맞추어 만든 성서읽기표/성서통독표를 말합니다.

4) 영어의 giving을 '나눔' 이나 '구제' 혹은 '줌, 주는 것, 드림'으로 옮겼습니다.

5) 원래 십일조는 십분의 일, 다시 말해서 수익의 10퍼센트를 말한다. 그러나 여기에서 '다른 퍼센트' 십일조라는 것은 위의 설명처럼 수익에 따라서 퍼센트 다르게 내는 것을 말합니다.

4부
그리스도인은 세상에서 어떻게 살아야 하는가 Behaving

1장. 예수님처럼 다른 사람의 필요에 반응하기
인간이 타고난 성향은 어떻습니까?
예수님은 어떻게 사역하셨습니까?
우리는 어떻게 그리스도처럼 할 수 있습니까?
사역이 뭐라고 생각합니까?
어떤 필요를 채우는 일에 부름받았습니까?
여러분의 교회는 무엇을 제공해야 합니까?

2장. 자신을 앎으로써 예수님처럼 행동하기
여러분이 타고난 능력과 관심사는 무엇입니까?
성서는 은사에 대해 어떻게 가르칩니까?
여러분의 은사는 무엇입니까?

3장. 예수님처럼 헌신하기
여러분은 어떤 영적 경험을 해보았습니까?
여러분이 겪은 가장 고통스러운 경험은 무엇입니까?
여러분은 어떤 교육을 받았습니까?
여러분은 어떤 일을 해보았습니까?
여러분은 어떤 일을 한 경험이 있습니까?

4장. 교회와 사회에서 예수님처럼 살기
여러분 자신에 대해 무엇을 배웠습니까?
교회의 어떤 사역에 적합하다고 생각하십니까?
교회에서 맡은 사역에 대한 나의 헌신
사회 사역의 어떤 일에 적합하다고 생각하십니까?
사회 사역에 대한 나의 헌신

4부 열기

영적인 경험, 신조 암송, 혹은 용서를 구하는 것이 기독교의 전부가 아닙니다. 기독교는 제자도입니다. 제자가 된다는 것은 일상 생활에서 예수님을 따르는 것입니다. 기독교인은 예수님처럼 사는 사람입니다.

앞서 우리는 기독교란 하나님을 믿는 것, 공동체에 소속되는 것, 성숙해 가는 것, 예수님처럼 사는 것, 이 네 가지 요소의 결합임을 강조했습니다. 4부에서 우리는 예수님이 어떻게 사셨는지 깊이 고민해 볼 것입니다. 예수님은 사람들의 필요에 어떻게 반응하셨을까요? 예수님은 그 당시 폭력과 윤리적 문제에 어떻게 대응하셨나요? 예수님은 하나님이 시키신 일과 관련해 어떻게 행동하셨을까요? 이 마지막 네 개의 장은 여러분이 이 질문들에 대답하고, 예수님의 삶을 모델로 삼아 살아갈 수 있도록 도와줄 것입니다.[1]

1장에서는 예수님과 관계를 맺으며 나타나는 삶의 방식을 알아볼 것입니다. 거기서 출발해 어떻게 다른 사람이 필요로 하는 것들, 혹은 어떤 사역에 대한 참여로 이어지는지 알아볼 것입니다.

2장은 여러분이 자신의 능력, 관심사, 영적 재능에 대해 더 많이 깨달을 수 있도록 도와줄 것입니다. 은사와 분별을 훈련하는 것도 포함됩니다.

3장에서는 여러분의 영적, 교육, 생업, 사역 경험에 대해 돌아볼 것입니다. 기분 좋은 경험과 아픈 경험을 다 포함합니다. 여러분은 예수님이 이러한 경험을 어떻게 사용하실지 생각해볼 수 있습니다.

4장은 지금까지 배운 모든 내용을 다 묶어냅니다. 여러분은 하나님이 교회와 사회에서 이루려고 하시는 일 중 내게 맞는 것을 찾아 자원할 기회를 갖게 될 것입니다.

바울은 이렇게 이야기 합니다.

"그러나 내가 나의 달려갈 길을 다 달리고, 주 예수께 받은 사명, 곧 하나님의 은혜의 복음을 증언하는 일을 다하기만 하면, 나는 내 목숨이 조금도 아깝지 않습니다." 사도행전 20장 24절

예수님은 하나님께 이렇게 이야기하며 본인의 사역을 마무리했습니다.

"나는 아버지께서 내게 하라고 맡기신 일을 완성하여, 땅에서 아버지께 영광을 돌렸습니다." 요한복음 17장 4절

마지막 부분을 통해 여러분이 지금까지 공부한 내용을 잘 정리해서 각자에게 적합한 사역을 시작할 수 있기를 바랍니다.

1장. 예수님처럼 다른 사람의 필요에 반응하기

예수께서는, 아버지께서 모든 것을 자기 손에 맡기신 것과 자기가
하나님께로부터 왔다가 하나님께로 돌아간다는 것을 아시고,
잡수시던 자리에서 일어나서, 겉옷을 벗고, 수건을 가져다가 허리에
두르셨다. 그리고 대야에 물을 담아다가, 제자들의 발을 씻기시고,
그 두른 수건으로 닦아주셨다.

요한복음 13장 3~5절

인간이 타고난 성향은 어떻습니까?

사람은 자신의 필요와 다른 사람들에게 보여지는 것에 관심을 쏟습니다.

■ **사회적 위치**

세베대의 아들들은 야고보와 요한이 예수께 다가와서 말하였다.… "선생님께서 영광을 받으실 때에, 하나는 선생님의 오른쪽에, 하나는 선생님의 왼쪽에 앉게 하여 주십시오." 마가복음 10장 35절 앞부분, 37절

■ **힘**

"뭇 민족들의 왕들은 백성들 위에 군림한다. 그리고 백성들에게 권세를 부리는 자들은 은인으로 행세한다. 그러나 너희는 그렇지 않다." 누가복음 22장 25절

- **우월하게 되기**

  시몬은 사도들이 손을 얹어서 성령을 받게 하는 것을 보고, 그들에게 돈을 내고서, 말하기를 "내가 손을 얹는 사람마다, 성령을 받도록 내게도 그런 권능을 주십시오" 하니 사도행전 8장 18~19절

예수님은 어떻게 사역하셨습니까?

예수님은 다른 사람과는 조금 다르셨습니다. 다른 사람 위에 군림하려 하지 않았지만 여전히 인류 역사상 가장 영향력이 큰 사람이셨습니다. 예수님이 어떤 사람인지를 보여주는 구절은 다음과 같습니다.

- **영적 능력**

  "주님의 영이 내게 내리셨다. 주님께서 내게 기름을 부으셔서, 가난한 사람에게 기쁜 소식을 전하게 하셨다. 주님께서 나를 보내셔서, 포로 된 사람들에게 해방을 선포하고, 눈먼 사람들에게 눈 뜸을 선포하고, 억눌린 사람들을 풀어 주고, 주님의 은혜의 해를 선포하게 하셨다." 누가복음 4:18~19절

- **순종**

  "나는 아무것도 내 마음대로 할 수 없다. 나는 아버지께서 하라고 하시는 대로 심판한다. 내 심판은 올바르다. 그것은 내가 내 뜻대로 하려 하지 않고, 나를 보내신 분의 뜻대로 하려 하기 때문이다." 요한복음 5장 30절

- **섬김**

  "인자는 섬김을 받으러 온 것이 아니라 섬기러 왔으며, 많은 사람을 구원하기 위하여 자기 목숨을 값으로 자기 목숨을 내주러 왔다." 마가복음 10장 45절

- 비폭력

    "아버지, 저 사람들을 용서하여 주십시오. 저 사람들은 자기네가 무슨 일을 하는지를 알지 못합니다.…"누가복음 23장 34절

우리는 어떻게 그리스도처럼 할 수 있습니까?

1. 그리스도의 영을 받아야 합니다.

    "그러나 성령이 너희에게 내리시면, 너희는 능력을 받고, 예루살렘과 온 유대와 사마리아에서, 그리고 마침내 땅 끝에까지 이르러 내 증인이 될 것이다."사도행전 1장 8절

2. 그리스도의 명령에 순종해야 합니다.

    "너희가 나를 사랑하면, 내 계명을 지킬 것이다."요한복음 14장 15절

3. 다른 사람을 위해 사는 종이 되어야 합니다.

    "뭇 민족들의 왕들은 백성들 위에 군림한다. 그리고 백성들에게 권세를 부리는 자들은 은인으로 행세한다. 그러나 너희는 그렇지 않다. 너희 가운데서 가장 큰 사람은 가장 어린 사람과 같이 되어야 하고, 또 다스리는 사람은 섬기는 사람과 같이 되어야 한다."누가복음 22장 25~26절

사역이 뭐라고 생각합니까?

1. 그리스도인 한 사람 한 사람은 사역하는 소명을 받았습니다.

    섬기는 일이면 섬기는 일에 힘써야 합니다. 권면하는 사람이면 권면하는

일에 힘쓸 것이요, 나누어 주는 사람은 순수한 마음으로, 지도하는 사람은 열성으로, 자선을 베푸는 사람은 기쁜 마음으로 해야 합니다. 로마서 12장 7~8절

하나님은 모든 믿는 사람이 다른 사람을 돌보도록 만들었고, 불렀고, 능력을 선물로 주셨고, 권한을 위임하셨습니다. 이 소명은 내적인 동기와 외적인 확인을 둘 다 포함합니다.

그들은 금식하고 기도한 뒤에, 두 사람 바나바와 사울에게 안수를 하여 떠나보냈다. 사도행전 13장 3절

사역으로 부름받는 것은 신비로운 과정입니다. 많은 경우 어떤 특정 사안에 대해 끌리거나 마음이 움직이는 것에서부터 시작합니다. 극복해야 하는 어떤 상황을 보고 여러분은 '이건 나를 위한 거야,' 혹은 '내가 저걸 하고 싶어'라고 읊조립니다. 교회나 여러분의 도움을 받게 될 사람들이 이런 내면의 부름을 확인해주어야 합니다. 그들이 '그래, 네가 하면 돼,' 혹은 '그래, 우리는 그게 필요해'라고 이야기할 것입니다.

2. 사역은 그리스도인이 가장 우선직으로 해야할 일입니다.

"인자는 섬김을 받으러 온 것이 아니라 섬기러 왔으며, 많은 사람을 위하여 자기 목숨을 몸값으로 치러 주려고 왔다." 마태복음 20장 28절

모든 믿는 사람은 교회 사역과 사회 사역을 각각 맡고 있습니다. 사역하기 위해서는 우선순위를 조정해야 합니다. 가장 중요한 일을 하기 위해 여러분 삶에서 무언가 제거해야 할 수도 있습니다.

여러분은 사역을 통해 교회의 기본적인 목적을 한 개 이상 충족하게 됩니다.

여러분은 그리스도의 몸이요, 따로 따로는 지체들입니다. 고린도전서 12장 27절

음식을 제공하는 것교제, 어린이나 노약자를 돌보는 것사역, 음악예배, 가르치거나 평화를 이뤄가는 것제자도, 전도나 섬김선교 등이 여러분이 할 수 있는 사역의 영역 중 일부입니다.

3. 모든 멤버는 자신이 어떤 사역을 해야하는지 발견하기 위해 도을 받을 수 있어야 합니다.

그러나 바나바는 사울을 맞아들여, 사도들에게로 데려가서, 사울이 길에서 주님을 본 일과, 주님께서 그에게 말씀하신 일과, 사울이 다마스쿠스에서 예수의 이름으로 담대히 말한 일을, 그들에게 이야기해 주었다. 사도행전 9장 27절

자신이 받은 재능이나 열정을 깨닫고 난 뒤에는 누군가 여러분에게 피드백과 격려와 조언을 줄 것입니다.

우리의 목회자들은 사역자minister인 동시에 보조사역자ad-minister입니다. 여러분이 의미 있는 교회 사역과 사회 사역을 발견하고 참여할 수 있도록 도와줄 것입니다.

4. 재능 있는 개인들이 함께하면 사역 스타일이 다양해집니다.

은사는 여러 가지지만, 그것을 주시는 분은 같은 성령이십니다. 고린도전서 12장 4절

우리는 다양성을 기대합니다. 서로 똑같지 않아도 한마음일 수 있습니다.

5. 봉사자는 책임감이 있어야 합니다.

무슨 일을 하든지 사람에게 하듯이 하지 말고, 주님께 하듯이 진심으로 하십시오. 여러분은 주님께 유산을 상으로 받는다는 사실을 기억하십시오. 골로새서 3장 23~24

사람들이 부끄러움이나 죄책감을 느끼지 않고 사역을 바꿀 수 있도록 배려해야 하지만, 일단 교회사역이나 사회사역을 시작하면 최소한 1년에서 3년 정도 책임지기를 권장합니다. 여러분이 완벽하기를 바라지 않지만 탁월하게 사역하기를 기대합니다.

잘했다, 착하고 신실한 종아! 네가 적은 일에 신실하였으니, 이제 내가 많은 일을 네게 맡기겠다. 와서, 주인과 함께 기쁨을 누려라. 마태복음 25장 23절

탁월하다는 것은 최선을 다했다는 의미입니다. 여러분이 창의적이고 혁신적이기를 바란다는 의미는 여러분이 실수할 수도 있다는 사실을 전제하고 있습니다. 우리는 실수를 '성공 못한 실험'이라고 생각합니다.

토의를 위한 부분
여러분은 속한 교회 공동체에서 어떤 특정 사역을 하고 싶은 내적 동기나 소명이 있으십니까? 외부에서 어떤 사역을 해달라고 불러준 적이 있습니까?

어떤 필요를 채우는 일에 부름받았습니까?

예수님은 각 사람의 필요에 맞게 사역하셨습니다. 여러분도 사람들이 필요로 하는 상황에 맞는 소명을 받으실 것입니다. 아래에 필요의 5가지 종류를 적어놓았습니다. 이 중 선호나 우선순위가 있는게 자연스럽습니다. 하나님은 여러분이 어떤 필요를 채우기를 기대하고 계신가요? 가장 끌리는 필요에 동그라미 치십시오.

1. 물질적 필요
내가 진정으로 너희에게 말한다. 이 작은 사람들 가운데 하나에게, 내 제자라고 해서 냉수 한 그릇이라도 주는 사람은, 절대로 자기가 받을 상을 잃지 않을 것이다. 마태복음 10장 42절

예수님은 병든 자와 지체장애인과 시각장애인을 치료하셨습니다. 배고픈 자도 먹이셨습니다. 하나님은 오늘날 사람들의 필요를 채우기 위해 간호사, 의사, 육체노동자 등을 사용하십니다. 우리의 기도를 사용하시기도 합니다. 물질적인 가난, 장애, 재해 등의 영향을 받은 사람들을 돕는 것이 여러분의 일로 여겨집니까?

2. 영적 필요

성서에 기록하기를 '사람이 빵으로만 살 것이 아니라, 하나님의 입에서 나오는 모든 말씀으로 살 것이다' 하였다. 마태복음 4장 4절 뒷부분

예수님은 사람이 밥만 먹고 사는 존재는 아니라는 사실을 아셨습니다. 하나님은 지금도 먹을 것은 충분하지만 목회자, 교사, 상담자 등을 통해 영적으로 주린 사람들을 도우십니다. 혹시, 여러분은 영적으로 배고픈 사람들이 다른 사람과 교제하고 삶의 의미를 찾을 수 있도록 돕는 일에 부름받지 않았습니까? 하나님은 종류와 상관 없이 성령 충만한 사역을 통해 영적인 필요를 채우십니다.

3. 감정적 필요

형제자매 여러분, 여러분에게 권고합니다. 무질서하게 사는 사람을 훈계하고, 마음이 약한 사람을 격려하고, 힘이 없는 사람을 도와주고, 모든 사람에게 오래 참으십시오. 데살로니가전서 5장 14절

예수님은 형제를 잃은 마리아와 마르다와 함께 우셨습니다. 제자들이 힘없이 포기하고 있을 때면 용기를 주기도 하셨습니다. 여러분이 속한 교회 공동체, 지역 사회, 혹은 세상에서 누군가는 용기를 잃었거나 우울하거나 깊은 슬픔에 빠져 있습니다. 그들은 더 나아질 것이라는 희망을 잃었습니다. 그들 중 일부는 마음의 아픔을 폭력적이거나 가학적인 방법으로 표현하기도 합니다. 여러분은 혹시 내면, 혹은 외면의 평화를 도움이 필요한 개인 혹은 그룹에 주

는 역할로 부름 받았습니까?

4. 지적 필요

들은 적이 없는 분을 어떻게 믿을 수 있겠습니까? 선포하는 사람이 없으면, 어떻게 들을 수 있겠습니까? 로마서 10장 14절 뒷부분

예수님은 "너희는 진리를 알게 될 것이며, 진리가 너희를 자유롭게 할 것"이라고 말씀하셨습니다. 우리 모두는 지식이 필요합니다. 우리가 일, 사회, 그리고 세상의 여러 문제를 헤쳐 나가려면 정보와 훈련이 필요합니다. 아이들과 읽고 쓰지 못하는 사람들을 도와주는 교사가 사회에 꼭 필요합니다. 생업을 위해 사업이나 컴퓨터, 혹은 농사짓는 법을 가르쳐줄 수 있는 교사가 필요할 수도 있습니다. 수십억 명의 사람들이 그리스도를 알고 그들을 향한 하나님의 뜻을 알아야 합니다. 여러분은 교사, 선교사, 혹은 연구자로 섬기는 일에 부름 받았습니까?

5. 관계적 필요

너희가 아는 대로, 이방 민족들의 통치자들은 백성을 마구 내리누르고, 고관들은 백성에게 세도를 부린다. 그러나 너희끼리는 그렇게 해서는 안 된다. 너희 가운데서 위대하게 되고자 하는 사람은 누구든지 너희를 섬기는 사람이 되어야 하고, 너희 가운데서 으뜸이 되고자 하는 사람은 너희의 종이 되어야 한다. 인자는 섬김을 받으러 온 것이 아니라 섬기러 왔으며, 많은 사람을 위하여 자기 목숨을 몸값으로 치러 주려고 왔다. 마태복음 20장 25~28절

모든 사람은 따뜻하고 긍정적인 관계가 필요합니다. 안타깝게도 우리가 속한 교회와 지역 사회와 세계를 이끄는 많은 사람이 자기 마음대로, 혹은 자기 자신을 위한 결정을 내립니다. 하나님과, 또 이웃과의 관계는 깨졌고, 사람들은 항상 갈등 속에서 살아갑니다. 여러분은 사람과 하나님 사이, 혹은 사람과

사람 사이를 중재하는 일로 부름을 받았습니까?

토론을 위한 부분

이 5가지 필요 중 어떤 것에 가장 끌리십니까? 이런 사역을 해보신 적이 있으신가요? 그런 일을 할 때 여러분의 영적 상태는 어땠습니까? 199쪽을 보십시오.

여러분의 교회는 무엇을 제공해야 합니까?

각 사람은 은사를 받은 대로 하나님의 여러 가지 은혜를 맡은 선한 관리인으로서 서로 봉사하십시오. 베드로전서 4장 10절

만약 여러분의 교회 공동체가 하나의 공장이고, 여러분이 공장 노동자라면, 여러분은 무얼 생산하겠습니까? 우리는 사역이 우리의 생산품이라고 생각합니다! 우리 개개인, 혹은 교회는 예수의 이름으로 교회, 지역 사회, 그리고 세상 속에서 사역하는 소명을 받았습니다. 우리가 예수님처럼 사역한다면 하나님이 사람들의 삶 속에서 고통을 줄이고 기쁨을 배가하시는 놀라운 일을 볼 수 있을 것입니다.

우리는 돌보는 일을, 하나님은 치유하는 일**2**을 맡으셨습니다. 실제 치유하고 용서하고 화해를 중재하는 일을 맡았다고 생각하면 우리는 아마도 엄청난 스트레스를 받고 스스로에게 실망할 것입니다. 오직 하나님만 하실 수 있는 일을 하려고 하기 때문입니다. 우리가 돌보면서도, 하나님께 치유를 맡기면 우리는 훨씬 더 편안하고 즐거운 마음으로 사역을 해나갈 수 있을 것입니다.

온갖 필요가 난무하는 세상 속에서 그리스도를 따르는 사람들과 교회는 무엇을 제공할 수 있겠습니까? 예수님처럼 산다면 우리는 다음과 같은 것들을

내어놓을 수 있을지 모릅니다.
- 외로움 대신 **사귐**
- 죄책감이나 부끄러움 대신 **용서**
- 공허함 대신 **삶의 의미**
- 두려움과 슬픔 대신 **평화와 희망**

2장. 자신을 앎으로써 예수님처럼 행동하기

> 은사는 여러 가지지만, 그것을 주시는 분은 같은 성령이십니다.
> 섬기는 일은 여러 가지지만, 섬김을 받으시는 분은 같은 주님이십니다.
> 일의 성과는 여러 가지지만, 모든 사람에게서 모든 일을 하시는 분은
> 같은 하나님이십니다. 각 사람에게 성령을 나타내 주시는 것은
> 공동 이익을 위한 것입니다. 고린도전서 12장 4~7절

여러분이 타고난 능력과 관심사는 무엇입니까?

1. 태어나면서 타고나는 재능과 능력이 있습니다.
   - 여러분은 생물학적 부모로부터 받은 능력이 있습니다.
   - 여러분은 타고난 재능과 관련된 분야를 탁월하게 잘 합니다.
   - 이런 능력을 쓸 때는 쉽게 지치지 않습니다.
   - 여러분은 타고난 재능을 통해 여러분이 돕기 원하는 사람이나 그룹의 필요를 채워줄 수도 있습니다.
   - 타고난 재능을 통해 얻은 결과는 하나님 덕분이라고 하지 않는 이상 나 자신을 돋보이게 합니다.
   - 타고난 재능이 하나님으로부터 왔다고 인정하고 성령으로 충만해지면 이 능력은 하나님이 사용할 수 있는 은사가 됩니다.

2. 여러분의 관심사를 따라가면 어떤 사람이나 극복해야할 상황을 마주하게

됩니다.³

□ **예술**: 여러분은 상상력이 풍부하고 혁신적이며 창의적인 활동을 좋아합니다. 음악이나 연기, 혹은 예술이 여러분의 교회/사회 사역이 될 수 있을까요?

□ **사업**: 여러분은 정해진 임무를 수행하고 사람을 조직하는 것을 즐겨 하고 데이터나 상황을 분석하고 진행하는 것을 좋아합니다. 기술과 관련된 특정 사역을 이끌거나 다른 사람이 새로운 사업을 시작하는 걸 돕는 일이 여러분의 교회/사회 사역이 될 수 있을까요?

□ **지적 활동**: 여러분은 예술, 사람, 물건보다 아이디어나 개념을 다루는 활동을 좋아합니다. 가르치거나 문제를 풀거나 연구하는 일이 여러분의 교회/사회 사역이 될 수 있을까요?

□ **육체 노동**: 여러분은 손에 잡히는 실질적이고 기계적인 일을 좋아합니다. 이런 일은 자연, 도구, 기계와 관련된 경우가 많습니다. 기술, 시설, 이동 수단, 주방, 야외에서 하는 일이 여러분의 교회/사회 사역이 될 수 있을까요?

□ **설득하는 활동**: 여러분은 사람들이 새롭게 생각하거나 행동할 수 있도록 영향을 끼치거나 그들을 설득하는 데 관심이 있습니다. 어떤 사역을 홍보하거나, 학생을 가르치거나, 아니면 전도나 평화를 이루는 일이 여러분의 교회/사회 사역이 될 수 있을까요?

□ **사회적 활동**: 여러분은 사람과 관계 맺는 것을 즐거워합니다. 환대하고 방문하고 상담하고 코치하고 훈련하는 일을 통해 하나님의 사랑을 드러내는 일이 여러분의 교회/사회 사역이 될 수 있을까요?

☐ **가치**: 여러분은 어떤 가치 혹은 진실이라고 생각하는 무엇인가를 보존하거나 해석하거나 가르치는 기회를 보면 마음이 움직입니다. 그리스도의 일을 가르치거나 전하거나 쓰거나 수호하는 일이 여러분의 교회/사회 사역이 될 수 있을까요?

토론을 위한 부분

여러분의 주된 관심사는 무엇입니까? 200쪽을 보십시오.

성서는 은사에 대해 어떻게 가르칩니까?

은사는 자연적으로 타고났지만 하나님과 성령으로부터 왔음을 인지한 재능을 뜻하거나 하나님이 주신 어떤 특별한 능력을 뜻하기도 합니다. 은사에 대한 7가지 진실에 대해 알아봅시다.

1. **모든 기독교인은 한가지 이상의 은사를 갖고 있습니다. 반대로 모든 은사를 다 받은 사람도 없습니다.**

   각 사람은 하나님께로부터 받은 은사가 있어서, 이 사람은 이러하고 저 사람은 저러합니다. 고린도전서 7장 7절 뒷부분

2. **은사를 노력해서 얻어내거나 살 수는 없습니다.**

   그대가 하나님의 선물을 돈으로 사려고 생각하였으니, 그대는 그 돈과 함께 망할 것이오. 사도행전 8장 20절

3. **은사는 성령님께서 다른 사람을 도우라고 주신 것입니다.**

   각 사람은 은사를 받은 대로 하나님의 여러 가지 은혜를 맡은 선한 관리인으로서 서로 봉사하십시오. 베드로전서 4장 10절

4. 교회는 선출직이 아니라 은사에 따라 운영해야 합니다.

그분이 어떤 사람은 사도로, 어떤 사람은 예언자로, 어떤 사람은 복음 전도자로, 또 어떤 사람은 목사와 교사로 삼으셨습니다. 에베소서 4장 11절

5. 우리는 사역을 통해 은사를 발견합니다.

각 사람은 은사를 받은 대로 하나님의 여러 가지 은혜를 맡은 선한 관리인으로서 서로 봉사하십시오. 베드로전서 4장 10절

6. 우리는 받은 은사를 계발해야 합니다.

이 일들을 명심하고 힘써 행하십시오. 그리하여 그대가 발전하는 모습을 모든 사람에게 나타나게 하십시오. 디모데전서 4장 15절

7. 은사를 올바르게 사용하면 성령의 열매를 맺습니다.

… 성령의 열매는 사랑과 기쁨과 화평과 인내와 친절과 선함과 신실과 온유와 절제입니다. … 갈라디아서 5장 22~23절

여러분의 은사는 무엇입니까?[4]

아래 나오는 은사에 대한 설명은 로마서 12장, 고린도전서 12장, 에베소서 4장, 그리고 직접 경험한 내용입니다. 여러분이 본인의 사역을 되돌아볼 때 하나님은 어떤 복을 주셨습니까? 각각의 은사에 대해 1) 네, 제가 이 은사를 받은 것이 맞습니다. 2) 아마도, 이 은사를 받았을 수도 있을 것 같습니다 3) 아니오, 저는 이 은사를 받은 것 같지 않습니다 중 한가지를 골라 주십시오. 성령님이 여러분의 은사가 뭔지 깨달게 하시도록 충분한 공간을 내어 놓으십시오!

행정   네 ☐   아마도 ☐   아니오 ☐

사람, 임무, 행사 등을 계획할 수 있는 능력. 목표를 세우고 달성하기 위한 계획을 짤 수 있는 능력. 다양한 일을 조정하고 관리하고자 하는 욕구.

사도의 직분   네 ☐   아마도 ☐   아니오 ☐

새로운 사역이나 교회를 시작하고 이끌어가는 능력. 다양한 환경에 잘 적응하고 타인의 문화를 섬세하게 배려하는 능력. 새로운 사람을 만나 돌보고자 하는 욕구.

손재주   네 ☐   아마도 ☐   아니오 ☐

사역을 위해 무언가를 디자인하거나 만드는 능력. 나무, 천, 페인트, 철, 유리 등 다양한 재료를 다룰 수 있는 능력. 기술자들과 일하는 것을 즐거워함.

창의적 소통   네 ☐   아마도 ☐   아니오 ☐

연극, 글, 그림이나 영상, 음악, 춤 등을 통해 하나님의 진리를 전달할 수 있는 능력. 하나님의 사랑과 메시지를 예술적으로 전달하고자 하는 욕구.

분별   네 ☐   아마도 ☐   아니오 ☐

진실과 거짓, 선과 악, 맞고 틀린 것, 동기의 순수함 등을 구별할 수 있는 능력. 가르침이나 해석에 나타난 모순을 잡아낼 수 있는 능력. 영적인 것들을 분별하고자 하는 욕구.

격려   네 ☐   아마도 ☐   아니오 ☐

병들거나 상처 받거나 신앙을 버리려고 고민하는 사람들에게 힘을 주고 위로하고 확신을 주며 행동으로 나아가게 하는 능력. 하나님의 약속과 더 나은 미래에 대한 자신감을 심어주고자 하는 욕구.

믿음　네 □　아마도 □　아니오 □

하나님의 능력에 대한 깊은 신뢰를 바탕으로 하나님의 뜻이 무엇인지 물을 수 있는 능력. 다른 사람이 주저할 때 하나님을 신뢰하기 때문에 앞으로 나아갈 수 있는 태도.

나눔　네 □　아마도 □　아니오 □

돈을 잘 관리하면서도 아낌없이 주는 삶의 태도를 유지할 수 있는 능력. 주님의 일을 위해 즐거운 마음으로 유연하게 돈과 자원을 내어놓고 싶은 욕구.

치유　네 □　아마도 □　아니오 □

만지거나 기도를 통해, 혹은 의학적 치료를 통해 사람을 낫게 하는 능력. 하나님이 치유하시는 능력을 통해 사람들을 온전하게 회복시키고자 하는 깊은 욕구.

도움　네 □　아마도 □　아니오 □

필요가 있으면 아무도 모르게 섬길 수 있는 능력. 다른 사람의 은사와 사역을 지원해주는 능력. 다른 사람들이 자유롭게 사역할 수 있도록 다양한 임무를 대신 해결해주고사 하는 욕구.

환대　네 □　아마도 □　아니오 □

처음 본 사람에게 안전하고 편안한 환경을 제공해주는 능력. 기쁜 마음으로 교제, 음식, 숙소를 제공함.

중보　네 □　아마도 □　아니오 □

남을 위해 꾸준하게 기도할 수 있는 능력. 하나님이 기도에 직접적으로 응답하신다고 확신하고 성령이 이끄는대로 반응하며 기도하는 습관.

통역　네 ☐　아마도 ☐　아니오 ☐

방언을 하는 사람의 내용을 그리스도 공동체에 전달할 수 있는 능력. 하나님이 해당 시기에 전달하고 하는 메시지를 해석하고 전달할 수 있는 능력.

지식　네 ☐　아마도 ☐　아니오 ☐

교회가 올바르게 갈 수 있도록 성서 내용을 잘 깨닫고 이해하고 그 속에서 진실을 드러낼 수 있는 능력. 교회가 어떤 결정을 내리거나 일을 진행할 때 필요한 정보를 제공.

지도력　네 ☐　아마도 ☐　아니오 ☐

하나님의 사람과 사역에 방향을 제시하고 목표를 설정하며 미래를 상상할 수 있는 능력. 하나님이 원하시는 목적을 달성하도록 사람들에게 동기 부여를 할 수 있는 능력.

자비　네 ☐　아마도 ☐　아니오 ☐

외롭고 잊혀지고 어려움을 겪고 있는 사람들에게 사랑과 은혜와 존중을 표현할 수 있는 능력. 고통받거나 도움이 필요한 사람들을 즐겁게, 또 실질적으로 돕고자 하는 욕구.

기적　네 ☐　아마도 ☐　아니오 ☐

하나님의 진리를 이야기하고 그 내용을 기적을 통해 확인하는 능력. 사역이나 하나님의 메시지를 초자연적인 개입을 통해 확증하고 하나님께 영광을 돌리고자 하는 욕구.

예언(설교)　네 ☐　아마도 ☐　아니오 ☐

공적인 선포를 통해 하나님의 말씀과 뜻을 드러내는 능력. 하나님의 약속과 심판을 명확하게 설명할 수 있는 능력. 회개하고자 하는 사람들을 도와 그들이 하나님 나라에 걸맞는 삶을 살 수 있도록 함께하고자 하는 욕구.

화해(평화 이루기)   네 ☐   아마도 ☐   아니오 ☐

갈등을 겪고 있는 사람들이 서로에게 귀기울이게 하는 능력. 새롭고 정의로운 방식으로 관계를 맺게 돕는 능력.

돌봄(목양)   네 ☐   아마도 ☐   아니오 ☐

돌봄이 필요한 사람들을 돌보고 보호하며 그들에게 힘을 주는 능력. 따르는 사람들이 영적으로 성숙하고 사역으로 나아갈 수 있도록 안내하고 준비시키는 능력. 그리스도를 따르는 사람의 모델이 되고자 하는 욕구.

가르침   네 ☐   아마도 ☐   아니오 ☐

학생들이 삶 속에서 하나님의 말씀을 명확하게 설명하고 적용할 수 있도록 가르치는 능력. 성서의 진리를 전달해 학생들이 더 많은 지식을 갈구하고 더 신실하게 예수를 따르고자 하는 마음을 키우도록 도우려는 욕구.

방언   네 ☐   아마도 ☐   아니오 ☐

자신이 알지 못하는 언어로 말하거나 찬양하거나 기도하는 능력. 우리의 지적인 능력으로 다 이해할 수 없는 어떤 언어로 찬양하는 능력. 하나님과 아주 친밀한 관계를 맺고자 하는 욕구.

지혜   네 ☐   아마도 ☐   아니오 ☐

알고 있는 지식을 어떤 특정 상황에 효과적으로 적용할 수 있는 능력. 혼란스러운 상황 속에서 하나님의 해결책을 제시할 수 있는 능력. 하나님의 일을 하는 사람들에게 방향성과 나아갈 바를 제공하고자 하는 욕구.

'네'와 '아마도'라고 표기한 은사들의 목록을 만들어 보십시오.

네	아마도

토론을 위한 부분

여러분이 받았다고 생각하는 은사를 다른 사람들과 나누십시오. 여러분 스스로 인지하는 내용을 다른 멤버들이 관찰한 내용과 비교해 보십시오. 자신의 은사를 분별하기 어려워하는 사람들을 도와주십시오. 여기 적은 내용을 바탕으로 200쪽을 보십시오.

3장. 예수님처럼 헌신하기

무슨 일을 하든지 사람에게 하듯이 하지 말고, 주님께 하듯이 진심으로 하십시오. 여러분은 주님께 유산을 상으로 받는다는 사실을 기억하십시오. 여러분이 섬기는 분은 주 그리스도이십니다.

골로새서 3장 23~24절

형제자매 여러분, 내게 일어난 일이 도리어 복음을 전파하는 데에 도움을 준 사실을, 여러분이 알아주시기를 바랍니다.

빌립보서 1장 12절

어떤 교회 사역 혹은 사회 사역을 할지 결정할 때 사람들이 놓치기 쉬운 내용 중 하나가 바로 과거 경험입니다. 이 장에서 여러분은 과거 경험을 되돌아보고 그 내용이 어떻게 교회 안에서 돌보는 일과 하나님이 사회에서 화해를 이끌어내는 일에 도움이 될지 답해보는 시간을 갖게 될 것입니다.

여러분은 어떤 영적 경험을 해보았습니까?

하나님께로 가까이 가십시오. 그리하면 하나님께서 가까이 오실 것입니다. 야고보서 4장 8절 앞부분

가장 기억에 남는 영적 경험이 무엇입니까? 언제 하나님이나 하나님의 인도하심을 가장 가깝게 느꼈습니까? 언제 그리고 어떤 환경에서 세례를 받으셨습니까? 다음 문장을 완성해 보십시오.

제가 특별한 영적 경험을 했던 것은 _____
_____
_____

위 경험이 어떻게 교회와 사회 사역에 도움이 될 수 있을까요? 그 내용을 200쪽에 적어보십시오.

여러분이 겪은 가장 고통스러운 경험은 무엇입니까?

[하나님은] 온갖 환난 가운데에서 우리를 위로하여 주시는 분이십니다. 따라서 우리가 하나님께 받는 그 위로로, 우리도 온갖 환난을 당하는 사람들을 위로할 수 있습니다. 고린도후서 1장 4절

우리의 약함, 혹은 고통받는 시간이 사역을 할 때 오히려 우리 힘의 원천이 되기도 합니다. 여러분이 겪은 고통 중에 교회나 사회 사역에 도움이 될만한 내용이 어떤 것이 있을까요? 질병, 사고, 실패, 사랑하는 사람의 죽음, 낙태,

학대, 파산, 이혼, 장애, 중독 등이 그 예가 될 수 있습니다. 다음 문장을 완성해 보십시오.

제가 살면서 가장 힘들었던 경험 중 하나는 _____
_____
_____

위 경험이 어떻게 교회와 사회 사역에 도움이 될 수 있을까요? 그 내용을 200쪽에 적어보십시오.

여러분은 어떤 교육을 받았습니까?

훈계를 놓치지 말고 굳게 잡아라. 그것은 네 생 명이니, 단단히 지켜라. 잠언 4장 13절

우리는 지식과 기술을 통해 효과적으로 사역할 수 있습니다. 학교, 강의, 혹은 워크샵 중에 특별히 도움이 되었던 내용이 있습니까? 어떤 기술이나 자격을 습득하셨습니까? 다음 문장을 완성해보십시오

저는 _____를을 졸업하고 _____ 기술을 배웠습니다.

이 학위나 기술이 어떻게 교회와 사회 사역에 도움이 될 수 있을까요? 그 내용을 200쪽에 적어보십시오.

여러분은 어떤 일을 해보았습니까?

너희를 두고 계획하고 있는 일들은 오직 나만이 알고 있다. 내가 너희를 두고 계획하고 있는 일들은 재앙이 아니라 번영이다. 너희에게 미래에 대한 희망을 주려는 것이다. 나 주의 말이다. 예레미야 29장 11절

직장은 교회나 사회 사역을 할 수 있는 훌륭한 환경입니다. 다음 문장을 완성해보십시오.

저는 _____ 일을 해보았습니다.

저는 직장에서 _____ 기회를 가져보았습니다.

여러분의 직업이나 직장 환경이 어떻게 교회나 사회 사역에 도움이 될 수 있을까요? 그 내용을 200쪽에 적어보십시오.

여러분은 어떤 일을 한 경험이 있습니까?

여러분의 이 봉사의 결과로, 그들은 하나님께 영광을 돌릴 것입니다. 그것은 여러분이 하나님께 순종하여, 그리스도의 복음을 고백하고, 또 그들과 모든 다른 사람에게 너그럽게 도움을 보낸다는 사실이 입증되었기 때문입니다. 고린도후서 9장 13절

하나님의 여러분이 경험한 일 중 어떤 것을 가장 많이 축복하셨습니까? 음악, 방문, 돌봄, 가르침, 섬김 등 다양한 선택지가 있을 수 있습니다. 다음 문장을 완성해보십시오.

저는 다음과 같은 연령대를 대상으로 일을 해보았습니다: _____ 대살

제가 가장 즐겁게 했던 사역은 _____.

지역 사회에서 제가 하고 있는 일은 _____.

지역 사회와는 상관 없이 제가 하고 있는 일은 _____.

가장 축복이 넘친다고 느낀 사역은 _____.

토론을 위한 부분

　과거 사역 경험에 비추어볼 때 현재 해야할 일은 무엇이라고 느끼십니까? 그 내용을 200쪽에 적어보십시오. 소속된 그룹에서 함께 교회와 사회를 위해 어떤 사역을 해야할지 자유롭게 의견을 나눌 준비를 하십시오.

4장. 교회와 사회에서 예수님처럼 살기

> 열심을 내어서 부지런히 일하며, 성령으로 뜨거워진 마음을 가지고
> 주님을 섬기십시오. 소망을 품고 즐거워하며, 환난을 당할 때에 참으며,
> 기도를 꾸준히 하십시오. 성도들이 쓸 것을 공급하고,
> 손님 대접하기를 힘쓰십시오. 로마서 12장 11~13절

이 마지막 장은 지금까지 사역과 여러분 자신에 대해 배운 내용을 기반으로 구성하였습니다. 교회 공동체 안에서만 아니라, 가능하다면 사회의 어떤 사역에 여러분이 매진할 수 있도록 초청하기 위함입니다.

여러분 자신에 대해 무엇을 배웠습니까?

1. 여러분은 인간의 어떤 필요에 가장 마음이 끌리십니까? 180쪽을 보십시오.
   - ☐ 물질적 필요
   - ☐ 영적 필요
   - ☐ 감정적 필요
   - ☐ 지적 필요
   - ☐ 관계적 필요

2. 여러분은 어떤 재능을 타고 났습니까? 185쪽을 보십시오.

3. 여러분의 관심사는 무엇입니까? 185쪽을 보십시오.

　□ 예술

　□ 사업

　□ 지적 활동

　□ 육체 노동과 기술

　□ 설득하는 활동

　□ 사회

　□ 가치

4. 여러분이 받은 가장 강력한 은사는 무엇입니까? 188-193쪽을 보십시오.

5. 교회/사회 사역에 가장 유용한 경험은 어떤 것이 있으십니까? 195-198쪽을 보십시오.

　영적 경험은 _____

　고통스러운 경험은 _____

　배우거나 훈련받은 경험은 _____

　일해본 경험은 _____

　사역해본 경험은 _____

교회의 어떤 사역에 적합하다고 생각하십니까?

각 사람에게 성령을 나타내 주시는 것은 공동 이익을 위한 것입니다. 고린도전서 12장 7절

　여러분의 관심사와 재능과 은사와 경험을 종합해보고 교회 공동체가 필요로 하는 것을 생각해볼 때 하나님은 여러분을 어떤 사역으로 부르고 계십니까? 내면에 어떤 욕구가 있으십니까? 주변 사람들은 무얼 하기를 권하고 있습

니까? 절대 실패할 수 없다는 사실을 알고 있다면 무얼 하고 싶으신가요?

여러분의 생각을 아래 적어보십시오. 용기를 내십시오!

_____

_____

_____

_____

_____

_____

_____

사역을 고르는데 도움이 더 필요하다면 아래 있는 목록을 참고하십시오. 시간과 기회가 된다면 이 중 어떤 사역을 해보고 싶으십니까? 해당되는 사역을 전부 다 고른 다음 가장 끌리는 것을 찾아보십시오.

사역 목록

1. **예배**

   ☐ 예배 기획   ☐ 예배 인도   ☐ 피아노/오르간 반주

   ☐ 인사/안내   ☐ 음향   ☐ 기타/악기 반주

   ☐ 지휘   ☐ 찬양팀 악기   ☐ 찬양팀 노래

   ☐ 아이들 설교   ☐ 특송   ☐ 안내판 제작

   ☐ 꽃꽂이/꾸미기   ☐ 미니드라마 제작   ☐ 기타 _____

2. 교제

☐ 주일학교 목회자　☐ 소그룹 리더　☐ 수련회 스태프
☐ 소그룹 인도자　☐ 수련회 상담　☐ 레크리에이션 인도
☐ 인사/안내　☐ 교회 프런트　☐ 수련회 주방
☐ 유아부 교사　☐ 주일학교 후원　☐ 음식 요리 후원
☐ 기타 _____

3. 돌봄/제자도

☐ 주일학교 교사　☐ 교사　☐ 책 판매
☐ 주보 편집　☐ 사서　☐ 여름성경학교 사역
☐ 교회 사가　☐ 자료 정리　☐ 성서공부 리더
☐ 트렌드 분석　☐ 세미나　☐ 교회 관리 보조
☐ 중고등부 교사　☐ 기독교 교육 총괄　☐ 기타 _____

4. 사역

☐ 아이들 사역　☐ 청소년 리더　☐ 중독 상담
☐ 호스피스 봉사　☐ 구제 펀드 위원회　☐ 푸드뱅크
☐ 어린이집 보조　☐ 크리스마스 프로그램　☐ 심방
☐ 어린이집 사무　☐ 부부 상담　☐ 은퇴자 센터
☐ 캠프 의사　☐ 미디어 사역자　☐ 기타 _____

5. 선교/전도/평화사역

☐ 구제 담당 목회자　☐ 평화 위원회　☐ 캠프 인도자
☐ 신앙 코디네이터　☐ 선교사　☐ 통역
☐ 교회 개척　☐ 비즈니스 선교 관리자　☐ 특정 사회 문제
☐ 복음 전도자　☐ 수감자 방문　☐ 뉴스 기자
☐ 구제 위원회　☐ 농업 선교　☐ 구호 물품 담당

□ 재해 대책 담당자　　□ 기타 _____

6. **지원 사역**
　　□ 교회 행정　　　　□ 회계　　　　　　□ 재정 위원회
　　□ 서기　　　　　　□ 프로젝트 관리자　□ 사진 작가
　　□ 이사회 서기　　　□ 인터넷 기술자　　□ 교회 데이터
　　□ 이사　　　　　　□ 회중 대표　　　　□ 프로그램 애널리스트
　　□ 교회 시설 관리　　□ 정원사　　　　　□ 청소부
　　□ 차량 관리　　　　□ 기타 _____

여러분은 교회 사역에 동참할 준비가 되셨습니까?

교회에서 맡은 사역에 대한 나의 헌신

나는 _____를/을 하기로 결심했습니다.

나는 _____ 부터 _____ 까지 섬기겠습니다.

나는 이 일의 리더인 _____ 앞에서 책임감 있게 행동하겠습니다.

서명 _____

날짜 _____

하나님,
제게 주신 은사를 감사드리며 하나님의 영광을 위해 잘 쓸 수 있는 기회를 주셔서 또한 감사드립니다. 하나님께 제 모든 것을 드립니다.
제가 기쁘고 긍정적으로 일을 할 수 있도록 도와주십시오.
예수님의 이름으로 기도합니다.
아멘.

사회 사역의 어떤 일에 적합하다고 생각하십니까?

추수할 것은 많으나, 일꾼이 적다. 그러므로 추수하는 주인에게 추수할 일꾼을 보내 달라고 청하여라. 가거라. …누가복음 10장 2~3절

여러분의 관심사와 재능과 은사와 경험을 종합해보고 지역사회와 사회 전반적으로 필요로 하는 것을 생각해볼 때 하나님이 어떤 사역으로 여러분을 부른다고 생각하십니까? 내면에 어떤 욕구가 있으십니까? 주변 사람들은 무얼 하기를 권하고 있습니까? 절대 실패할 수 없다는 사실을 알고 있다면 무얼 하고 싶으신가요?

여러분의 생각을 아래 적어보십시오. 용기를 내십시오!

사역을 고르는데 도움이 더 필요하다면 아래 있는 목록을 참고하십시오. 시간과 기회가 된다면 이 중 어떤 사역을 해보고 싶으십니까? 어떤 특별한 주제나 평화를 만드는 일, 혹은 전도하는 일 중 어떤 것을 고르시겠습니까? 해당되는 사역을 전부 다 고른 다음 가장 끌리는 것을 찾아보십시오.

어떤 사회적 이슈에 가장 끌리십니까?

- □ 중독
- □ 가난한 사람 돕기
- □ 운동
- □ 위험한 환경에 놓인 아이들
- □ 장애 지원
- □ 사업과 경제
- □ 아픈 사람 돌보기
- □ 지역사회 이슈
- □ 갈등 해결
- □ 양심수/인권
- □ 마약/술 중독 회복
- □ 재정 관리
- □ 건강/피트니스
- □ 노숙자
- □ 질병/사고
- □ 국제 관계
- □ 사법 제도
- □ 결혼
- □ 미디어
- □ 교육/가족
- □ 평화/정치
- □ 청년 일자리
- □ 인종
- □ 젠더
- □ 양심적 병역거부
- □ 기타

어떻게 평화를 위해 일할 수 있겠습니까?

- □ 피해자-가해자 화해 사역
- □ 대체복무
- □ 기독교 평화운동 팀
- □ 단기 섬김 사역
- □ 인권운동지원
- □ 정의를 위한 캠페인
- □ 갈등 상담
- □ 기타

어떻게 사람들을 그리스도에게로 인도하겠습니까?

- □ 간증
- □ 해외 선교
- □ 교제를 통한 전도
- □ 교회 개척
- □ 미디어 전도
- □ 중독 치유
- □ 전도 지원 활동
- □ 기타

여러분은 사회 사역에 동참할 준비가 되셨습니까?

사회 사역에 대한 나의 헌신

나는 _____ 을 하기로 결심했습니다.

나는 _____ 부터 _____ 까지 섬기겠습니다.

나는 이 일의 리더인 _____ 앞에서 책임감 있게 행동하겠습니다.

서명 _____

날짜 _____

하나님,

제게 주신 은사를 감사드리며 하나님의 영광을 위해 잘 쓸 수 있는 기회를 주셔서 또한 감사드립니다. 하나님께 제 모든 것을 드립니다.

제가 기쁘고 긍정적으로 일을 할 수 있도록 도와주십시오.

예수님의 이름으로 기도합니다.

아멘.

후주

1) 당신만의 삶의 목적을 찾고 수행하는 것에 도움받기 위해서는 Erik Rees, 'S.H.A.P.E.' (Grand Rapids: Zondervan, 2006)를 보십시오

2) Kenneth C. Haugk, *Christian Caregiving: A Way of Life* (Minneapolis: Augsburg Fortress, 1984), chap.2.

3) Palmer Becker, *You and Your Options* (Newton, Kan.: Faith and Life Press, 1983), 3-8

4) Rick Warren, "Class 301: Discovering My Ministry" (Saddleback Church, Lake Forest, Calif.: 2003), 35-36.